Herzenswege

ANNABELLE ZINSER

Herzenswege

Meditationen zur Heilung und Transformation

edition steinrich

Bibliografische Information der Deutschen Bibliothek:
Die Deutsche Bibliothek verzeichnet diese Publikation in der Deutschen
Nationalbibliografie; detaillierte bibliografische Daten sind im Internet
über http://dnb.ddb.de abrufbar.

www.edition-steinrich.de

Leicht überarbeiteter Nachdruck der 2010 erstmals erschienen Ausgabe
(978-3-942085-09-0)

Alle Rechte vorbehalten

© 2023 edition steinrich, Berlin
Umschlaggestaltung und Umschlagfoto: Grafikbüro Schadenberg, Berlin
Satz: Ingeburg Zoschke, Berlin
Illustrationen im Innenteil: Christiane Schinkel,
SCHINKEL Medien&Design, www.schinkel-company.de
Druck: Druckerei Kleb GmbH, Wangen
Printed in Germany

ISBN 978-3-942085-82-3

Inhalt

Halt an, wo läufst du hin,
der Himmel ist in dir,
suchst du ihn anderswo,
du (ver)fehlst ihn für und für.

ANGELUS SILESIUS

Einleitung

Wenn Menschen an Meditation denken, tauchen bei den meisten die Assoziationen auf, dabei still zu sitzen, sich zu entspannen, den Atem zu spüren, eine Reise durch den Körper zu machen oder eine Blume anzuschauen, um eins mit dem Atem, dem Körper oder der Blume zu werden.

Diese Ausrichtung des Geistes auf ein Objekt hilft, den Geist, der normalerweise von einem Gedanken zum anderen springt, zur Ruhe kommen zu lassen. In der buddhistischen Meditation ist dieser Aspekt sehr zentral und wird als Shamata bezeichnet.

Der andere Schwerpunkt buddhistischer Meditation ist die Einsichts- oder Vipassana-Meditation. Dabei versuchen wir allgemeine Wesensmerkmale unserer Existenz wie Vergänglichkeit und Nicht-Selbst, das Verwobensein alles Seins, das »Intersein«, wie Thich Nhat Hanh es bezeichnet, zu betrachten und auf einer tiefen Ebene zu verstehen.

Bei den geleiteten Meditationen in diesem Buch, die in der Tradition des vietnamesischen Zenmeisters Thich Nhat Hanh stehen, geht es darum, wie uns bestimmte Einsichten der buddhistischen Lehre in unserem Alltag bei unserer Übung unterstützen können, und zwar dabei:

- achtsamer zu leben;
- unsere Wahrnehmung zu weiten, um auch die kleinen

und großen Freuden und Wunder in unserem Leben wirklich wahrzunehmen;

- mit körperlichen Schmerzen umgehen zu lernen, damit wir nicht allzu sehr unter ihnen leiden;
- schwierige Gefühle wie Angst, Verzweiflung, Ärger, Wut, Unsicherheit, Eifersucht und Depression zu erkennen und zu transformieren;
- mit den Aufs und Abs unseres Lebens besser zurechtzukommen;
- wohltuende Geisteshaltungen wie Güte, Freude, Mitgefühl, Großzügigkeit, Wertschätzung und Gelassenheit in unserem Geist entstehen zu lassen;
- zu verstehen, dass wir keine isolierten Individuen, sondern mit allem, was existiert, verbunden sind.

Im Grunde geht es darum, mit den Vier Edlen Wahrheiten des Buddha in unserem Alltag zu praktizieren:

- zu erkennen, wenn wir leiden;
- die Gründe zu erforschen, die zu unserem Leiden geführt haben;
- zu wissen, dass es die Möglichkeit gibt, unser Leiden zu transformieren;
- und die Elemente des Achtfachen Pfades des Buddha zu verstehen und anzuwenden, die uns helfen, unser Leiden zu überwinden.

Diese Meditationen können alleine oder zusammen in einer Gruppe geübt werden.

Wenn wir alleine üben, können wir zuerst den einleitenden Teil zur jeweiligen Meditation durchlesen, dann einige Minuten den Atem spüren und uns in der Folge die ersten beiden Sätze vorlesen. Dabei lassen wir die Worte einfach auf uns wirken und unseren Atem dabei ganz natürlich flie-ßen. Die Gedanken und Gefühle, die sich einstellen, lassen wir zu und denken nicht, wir müssten etwas Besonderes er-reichen. Wir gehen immer wieder zu unserem Atem zurück. Dann lesen wir die nächsten Sätze.

Natürlich können wir auch unsere eigenen Meditations-anleitungen entwickeln, passend zu der Situation, in der wir uns gerade befinden. Durch die Übung der Achtsamkeit im Alltag erkennen wir immer mehr, welche Energien wir an diesem Tag oder in dieser Phase unseres Lebens in uns ent-wickeln wollen, weil sie uns dabei unterstützen, ein fried-volles und glückliches Leben zu führen, und welche Ener-gien wir wirklich transformieren wollen, weil wir selbst oder unsere Umgebung unter ihnen leiden.

Wir können uns eine der geleiteten Meditationen je nach dem Thema, das uns gerade am meisten bewegt, aussuchen und diese einige Tage oder längere Zeit üben. Das heißt, wir brauchen nicht nach der im Buch vorgeschlagenen Reihen-folge vorgehen.

Wenn wir in der Gruppe üben, kann die Person, die die Meditation anleitet, die jeweilige Einleitung vorlesen und auch eigene Erfahrungen zu dem spezifischen Thema der geleiteten Meditation beisteuern.

Dann wird am Anfang der geleiteten Meditation die Glocke dreimal eingeladen: Zuerst erklingt ein kurzer, klei-ner Weckton, der die Teilnehmenden darauf vorbereitet, dass die Glocke gleich erklingen wird. Dann ertönt ein vol-ler Glockenklang. Nach jedem Glockenklang lassen wir mindestens drei Atemzüge Zeit.

Wir spüren dann zunächst einige Minuten unseren gan-zen Körper mit der Ein- und Ausatmung. Dann spricht der/die Leiter/in der Gruppe die ersten beiden Sätze, und wir können mit der Ein- und Ausatmung die Wirkung dieser Worte in unserem Körper und Geist spüren. Wir bleiben 7 bis 21 Atemzüge bei diesem Satzpaar und verfahren dann mit den nächsten Sätzen genauso.

Es ist gut, wenn am Ende der Meditation Zeit für einen achtsamen Austausch ist und wir von anderen erfahren, welche Auswirkung diese geleitete Meditation auf sie hatte.

Diese meditativen Betrachtungen sind sehr einfach und können ungemein wohltuend sein. Wenn wir uns gut um uns selbst kümmern und uns dadurch liebevoller, friedvoller und stabiler fühlen, hat das immer positive Auswirkungen auf andere Wesen. Wir fangen an, für die, mit denen wir unser Leben teilen, wirklich da zu sein: für unsere Partner/in, unsere Kinder, Eltern, andere Familienangehörige, unsere Freunde/innen und Arbeitskollegen/innen oder uns ganz fremde Menschen.

Unsere eigene geistige Übung der Achtsamkeit, der Konzentration und des tiefen Verstehens gibt uns zudem die Stabilität, die wir brauchen, um uns in unserer Umgebung und in der Welt zu engagieren.

Arbeiten wir mit den Texten auf der beiliegenden CD, ermöglicht uns das, ohne Unterbrechung bei dem spezifischen Thema zu bleiben. Die jeweilige Einführung dazu können wir vorher im Buch nachlesen.

Viel Freude bei der Übung!

Annabelle Zinser

Einführung in die Sitzmeditation

Es ist zunächst wichtig, für sich die am besten geeignete Sitzunterlage zu finden. Wir sollten die wählen, bei der wir uns wohl fühlen und in der wir nicht gleich mit größeren Schmerzen konfrontiert werden.

Manche wählen als Unterlage einen Hocker, andere einen Stuhl. In dem Fall ist es gut, sich nicht anzulehnen, um gerade zu sitzen, und etwas Raum zwischen den Beinen zu lassen, damit der Sitz stabil ist.

Andere sitzen gerne auf einem Meditationsbänkchen auf dem Boden oder auch auf einem Sitzkissen, die Beine vor sich auf den Boden gelegt oder einen Fuß auf dem gegenüberliegenden Oberschenkel platziert.

Die Knie sollten dabei den Boden berühren; tun sie das nicht, kann man sie mit kleinen Kissen seitlich abstützen.

Die Hände können auf den Oberschenkeln ruhen – mit den Handflächen nach oben oder nach unten, die rechte Hand kann auch in der linken liegen oder umgekehrt, oder die Finger werden ineinander verschränkt wie beim Beten.

Manche benutzen auch gerne ein Mudra (Geste), indem sie zum Beispiel Daumen und Zeigefinger oder Daumen und Mittelfinger sich berühren lassen.

Wichtig ist, dass wir uns vom Becken her gut in der Wirbelsäule aufrichten und den Nacken lang machen, indem wir das Kinn etwas an den Hals heranziehen.

Wir spüren, wie die Füße in Kontakt mit dem Boden sind, spüren die Unterschenkel, die Oberschenkel. Wir spüren, wie sich das Gesäß in die Unterlage eindrückt. Wir spüren unseren ganzen Rumpf, wie er sich mit der Einatmung ausdehnt und mit der Ausatmung zusammenzieht.

Wir spüren unsere Schultern, Arme und nehmen die Position der Hände wahr. Wir spüren den Hals und unseren Kopf.

Wir spüren den ganzen Körper mit der Ein- und mit der Ausatmung und lassen den Atem ganz natürlich fließen, ohne ihn zu verändern. Unsere Atemzüge können lang oder kurz sein, flach oder tief. Wir spüren sie einfach nur und halten sie in unserer freundlichen Beobachtung.

Wenn unser Geist nach einem oder zwei Atemzügen wieder in Gedanken oder Träume abgleitet, können wir das bemerken: »Aha träumen, aha denken ...« und bringen ihn dann ganz freundlich immer wieder zurück. Wir können uns über jede bewusste Einatmung, jede bewusste Ausatmung freuen.

Wir kämpfen nicht mit unserem Geist, verwandeln unsere Meditation nicht in ein Schlachtfeld, sondern freuen uns über das Maß an Konzentration, das uns jetzt in diesem Augenblick möglich ist.

Manche zählen auch gerne ihre Atemzüge: mit der Einatmung eins, mit der Ausatmung eins, mit der Einatmung zwei, mit der Ausatmung zwei. Wir können auf diese Art und Weise bis zehn zählen und dann wieder von vorne anfangen.

Oder wir sagen innerlich »ein« bei der Einatmung und »aus« bei der Ausatmung.

Das Zählen oder Benennen sollte aber nur im Hintergrund geschehen als Mittel, den Geist beim Vorgang des

Atmens zu halten. Im Vordergrund unserer Achtsamkeit steht das reale Spüren der Empfindungen, die mit der Ein- und Ausatmung einhergehen.

Ab und zu können wir auch auf die Geräusche achten und unseren Geist im Hören sammeln.

Wenn sehr starke Schmerzen in den Knien oder im Rücken auftauchen, können wir unsere Sitzposition ganz langsam und leise verändern, damit wir niemanden stören, wenn wir gemeinsam mit anderen meditieren. Bevor wir unsere Position verändern, ist es aber gut, erst einmal den Bereich der Schmerzen zu erforschen und zu schauen, wie sie sich mit der Ein- und Ausatmung verändern. (Siehe Meditation über körperliche Schmerzen.)

Auch im Liegen oder Stehen ist es uns dann möglich, den Atem zu spüren. Am Ende oder auch am Anfang der Meditation können wir einen oder mehrere Sätze der liebenden Güte für uns selbst und andere Wesen wiederholen:

Möge ich glücklich, friedvoll und leicht in Körper und Geist sein!

Wir können unsere Meditation auch einer nahestehenden Person oder einer ganzen Gruppe von Menschen widmen, der es nicht so gut geht und der wir gute Wünsche für ihr Wohlsein zukommen lassen wollen:

Mögest du/ihr friedvoll, glücklich und leicht in Körper und Geist sein!
Mögest du (möget ihr) lernen, Mitgefühl mit deinen (euren) körperlichen oder geistigen Schmerzen zu entwickeln!

Wenn wir anfangen zu meditieren, ist es wichtig, dass wir uns eine Zeitdauer wählen, die für uns realistisch ist, und sie dann eventuell allmählich ausdehnen: Wir können zum Beispiel mit 10 Minuten anfangen und dann einfach sitzen und offen sein für alles, was sich in diesen 10 Minuten an körperlichen Empfindungen und Geisteshaltungen ausdrücken will.

Diese Zeit können wir dann auf 20, 30 oder sogar 60 Minuten ausdehnen. Wichtig ist, dass wir regelmäßig, wenn möglich, jeden Tag Sitzmeditation üben, um eine gewisse Stabilität und Geschicklichkeit in unserer Übung zu entwickeln. Nur dadurch können wir auch die Früchte dieser Übung ernten: größere Offenheit, Gelassenheit, Freude, Ruhe, Frieden, Achtsamkeit, Konzentration und tiefes Verstehen.

Wenn wir nämlich mit einer Stunde anfangen und dann nach zwei Wochen oder einem Monat aufgeben, weil dies für uns einfach nicht zu schaffen ist, wäre das schade, denn wir verlieren so den Kontakt zu dieser wunderbaren, uralten Methode, die schon so vielen Menschen Heilung gebracht hat.

Von der Verwirrung zur Ruhe und Klarheit

Wenn wir uns zur Meditation hinsetzen, haben wir wahrscheinlich alle eine große Sehnsucht nach innerer Stille, danach, dass die Gedanken, Pläne, Sorgen und Probleme in unserem Kopf endlich einmal zur Ruhe kommen und uns nicht länger verrückt machen und quälen.

Bei der Meditation können wir zwei Formen unterscheiden: Bei der aktiven Form der Sammlung des Geistes entwickeln wir ein offenes Gewahrsein für alles, was gerade in diesem Augenblick da ist: die Atembewegung, die Körperposition, die Geräusche, die Gefühle und die Gedanken, die durch unseren Kopf strömen. Wir weisen nichts zurück, unser Geist hält nichts fest und möchte nichts anders haben, als es gerade ist, und wir werden uns all dessen nur bewusst, was gerade da ist.

Bei der selektiven Form der Sammlung des Geistes nehmen wir uns nur ein Objekt, das wir beobachten, zum Beispiel die Atembewegung, und versuchen, alle anderen Objekte auszublenden, indem wir uns vollkommen auf dieses eine Objekt einlassen. Das kann auch ein Satz aus der Liebenden-Güte-Meditation sein, den wir wiederholen, oder wir sammeln unseren Geist in der Betrachtung eines Bildes wie einer brennenden Kerze oder eines Buddha oder einer Bodhisattva.

Wenn wir unseren Geist immer wieder in unserer Atembewegung sammeln, können wir auch bemerken, welche

Phasen bei der Ein- oder Ausatmung unserer Aufmerksamkeit entgehen. Wir können diesen Phasen dann verstärkte Aufmerksamkeit schenken, sodass unsere Beobachtung des ganzen Atemvorgangs genauer und klarer wird.

Ein Zitat, das ich etwas umgewandelt habe, beschreibt, um was es bei der selektiven Sammlung geht:

> *Wir sitzen so lange, der Atem und ich – bis nur noch der Atem übrigbleibt.*

Bevor es jedoch so weit ist, besteht der Vorgang der selektiven Sammlung vor allem darin, den Geist, der sich fortwährend anderem zuwenden möchte, immer wieder zum Hauptobjekt, zum Beispiel dem Atem, zurückzuführen:

»Ich spüre meinen Atem, die Empfindungen, wie sich mein Rumpf ausdehnt und wieder zusammenzieht, spüren, spüren, schwupp, ich muss unbedingt die Flyer von Bettina in den Schaukasten tun …

Ich spüre meinen Atem, schwupp, das ist ja ganz wunderbar, aber ich muss daran denken, den Elektriker wegen der Klingelanlage anzurufen …

Ich spüre meinen Atem, ich spüre, wie sich meine Zunge und mein Unterkiefer lösen, schwupp, ich müsste noch ein paar Steigen Hundefutter bei Cat Dog bestellen …

Ich spüre meinen Atem, meinen Atem, schwupp, ich muss daran denken, heute Abend frische Blumen für den Altar zu besorgen …

Ich spüre meinen Atem, meinen Atem, meinen Atem, schwupp ich muss eine Stunde vorher im Zentrum sein, Maria wollte noch ein Einzelgespräch …

Ich spüre meinen Atem, können diese Gedanken nicht endlich mal zur Ruhe kommen ...

Ich spüre meinen Atem, ich spüre meinen Atem, ich spüre meinen Atem, schwupp, mein linkes Knie tut weh, vielleicht habe ich zu viele Standübungen im Yoga gemacht ...

Ich spüre meinen Atem, schwupp, irgendwie hat mich das schon etwas geärgert, dass Melanie das gestern vergessen hat ...

Ich spüre meinen Atem, meinen Atem, meinen Atem, schwupp, wunderbar dieses sanfte Strömen durch den ganzen Körper; gibt es etwas Schöneres, als den Atem zu spüren?

Ich spüre meinen Atem, meinen Atem, meinen Atem, meinen Atem, meinen Atem ...«

Führen wir den Geist immer wieder zum Atem zurück, kann das unseren ganzen Tag erhellen und mehr Frieden in unseren Körper und Geist bringen.

Wichtig ist, dass wir einfach bemerken, wo unser Geist sich gerade aufhält, und wir ihn auf sanfte und freundliche Art und Weise zurück zu unserem Atem führen. Uns sollte bewusst sein, dass die natürliche Funktion des Geistes darin besteht, vor sich hin zu denken.

Unsere Meditationssitzung sollten wir nicht in ein Kampffeld verwandeln. Dann kann sich nie der innere Frieden einstellen, den wir uns so sehr wünschen.

Kleine Fragen können uns dabei helfen, den Geist bei der Atembewegung zu halten:

»Kann ich wirklich die ganze Länge der Einatmung und der Ausatmung spüren?«

»Kann ich mich über diese eine Einatmung, diese eine Ausatmung freuen?«

»Kann ich in Frieden sein mit dem Maß an Konzentration, das mir jetzt gerade zur Verfügung steht?«

Diese geleitete Meditation hilft uns, eine selektive oder aktive Form der Sammlung zu entwickeln.

Selektive Form der Sammlung

1. Einatmend spüre ich, wie ich einatme.
   Ausatmend spüre ich, wie ich ausatme.

2. Einatmend bin ich mir der ganzen Länge der
   Einatmung bewusst (Anfang, Mitte, Ende).
   Ausatmend bin ich mir der ganzen Länge der
   Ausatmung bewusst.

3. Einatmend bemerke ich, wenn mein Geist in Gedanken
   und Träume versinkt.
   Ausatmend führe ich meinen Geist immer wieder zu
   meiner Atembewegung zurück.

4. Einatmend spüre ich meinen ganzen Körper.
   Ausatmend spüre ich meinen ganzen Körper.

5. Einatmend schenke ich der Phase meiner Einatmung,
   die meiner Achtsamkeit entgangen ist, besondere
   Beachtung (vielleicht die Mitte).
   Ausatmend spüre ich die ganze Fülle der Ausatmung.

6. Einatmend spüre ich die ganze Fülle der Einatmung.
   Ausatmend schenke ich der Phase meiner Ausatmung,

die mir bisher entgangen ist, besondere Beachtung
(vielleicht das Ende).

7. Einatmend lasse ich meinen Atem ganz natürlich
   fließen, ohne ihn künstlich zu verändern.
   Ausatmend bemerke ich, wie er sich durch meine
   Achtsamkeit ganz von selbst verändert (vielleicht tiefer
   und länger wird).

8. Einatmend genieße ich jede bewusste Einatmung.
   Ausatmend genieße ich jede bewusste Ausatmung.

Aktive Form der Sammlung

1. Einatmend spüre ich, wie ich einatme.
   Ausatmend spüre ich, wie ich ausatme.

2. Einatmend spüre ich meinen ganzen Körper.
   Ausatmend spüre ich meinen ganzen Körper.

3. Einatmend nehme ich das Entstehen und Vergehen
   aller körperlichen Empfindungen wahr.
   Ausatmend nehme ich das Entstehen und Vergehen
   aller körperlichen Empfindungen wahr.

4. Einatmend höre ich die Geräusche hier im Raum.
   Ausatmend höre ich die Geräusche draußen auf der
   Straße.

5. Einatmend nehme ich das Entstehen und Vergehen
   aller Geräusche wahr.

Ausatmend nehme ich das Entstehen und Vergehen aller Geräusche wahr.

6. Einatmend bin ich ganz offen und empfänglich für diese Einatmung.
   Ausatmend bin ich ganz offen und empfänglich für diese Geräusche.

7. Einatmend bin ich mir eines Gedankens bewusst.
   Ausatmend bin ich mir eines Gedankens bewusst.

8. Einatmend bin ich mir des Entstehens und Vergehens von Gedanken bewusst.
   Ausatmend bin ich mir des Entstehens und Vergehens von Gedanken bewusst.

9. Einatmend bin ich mir der Kostbarkeit meiner Übung bewusst.
   Ausatmend lächle ich mir zu.

Mit den vier Grundlagen der Achtsamkeit üben

Der Buddha hat uns in der Satipatthana Sutra (Lehrrede über die Grundlagen der Achtsamkeit) vier Bereiche aufgezeigt, in denen wir unseren Körper und Geist erforschen können.

Die erste Grundlage der Achtsamkeit ist der Körper. Dazu gehören alle fünf körperlichen Sinnestätigkeiten:

Berührungsempfindungen, für die der ganze Körper als Organ der Wahrnehmung dient, die Geräusche mit den Ohren als Wahrnehmungsorganen, das Sehen mit den Augen als Wahrnehmungsorganen, das Riechen mit der Nase als Wahrnehmungsorgan und das Schmecken mit der Zunge und dem Gaumen als Organe unserer Wahrnehmung.

In der formalen Sitzmeditation benutzen wir meist diejenigen körperlichen Empfindungen als Objekte unserer Konzentration, die mit der Atembewegung einhergehen, aber auch das Hören der Geräusche zum Beispiel kann uns helfen, tiefe Sammlung zu erreichen.

Bei der zweiten Grundlage der Achtsamkeit nehmen wir die Gefühle wahr, spüren, ob das, was wir gerade erleben, angenehm, unangenehm oder neutral ist: Wir gehen dabei vom Körper und seinen fünf Sinnestätigkeiten aus, beziehen aber auch unsere Geisteshaltung mit ein.

Dabei können wir unsere Neigung bemerken, angenehme Empfindungen in Körper und Geist behalten und die unangenehmen loswerden oder verdrängen zu wollen. Die neutralen Vorgänge nehmen wir meist gar nicht bewusst wahr.

Bei der dritten Grundlage der Achtsamkeit geht es um die Achtsamkeit bezüglich unserer Geisteshaltungen oder geistigen Bildekräfte. Wir erkennen, wenn Aufgeregtheit oder Gelassenheit, Freude oder Depression, Verzweiflung, Ärger oder Liebe und Mitgefühl in unserem Geist sind.

Der Buddha weist uns darauf hin, dass die körperlichen Empfindungen: die Geräusche, Farben und Formen, Geschmacks- und Geruchsempfindungen vergänglich sind und keine feste Substanz haben. Und das Gleiche gilt für alle Geisteshaltungen wie Ärger, Begehren, Neid, Freude, Wohlwollen, Frieden und Gelassenheit.

Die vierte Grundlage der Achtsamkeit sind die Geistobjekte. Sie beziehen sich auf die Fünf geistigen Hindernisse, die Sieben Erleuchtungsfaktoren des Geistes, die Vier Edlen Wahrheiten, die Fünf Daseinskomponenten (*skandhas*) und die Sechs Sinnesgebiete.

Der Buddha stellt uns am Ende der Lehrrede in Aussicht, dass wir bald vollkommene Befreiung erlangen werden, wenn wir Tag und Nacht mit diesen vier Grundlagen der Achtsamkeit üben:

»Deshalb haben wir gesagt, dass dieser Pfad, der Pfad der Vier Grundlagen der Achtsamkeit, der wunderbarste Pfad ist, der den Geschöpfen hilft, Läuterung zu erreichen, Kummer und Trauer zu überwinden, Ängste und Schmerz zu zerstreuen, den rechten Pfad zu gehen und Nirvana zu erlangen.«[1]

Diese geleitete Meditation hilft uns, mit den Vier Grundlagen der Achtsamkeit vertraut zu werden.

1. Einatmend spüre ich meinen ganzen Körper, nehme alle körperlichen Empfindungen wahr.
   Ausatmend spüre ich meinen ganzen Körper, nehme alle körperlichen Empfindungen wahr.

2. Einatmend höre ich das Entstehen und Vergehen unterschiedlicher Geräusche.
   Ausatmend lächle ich allen Geräuschen zu.

3. Einatmend weiß ich, ob die Empfindungen in meinem Körper oder die Geräusche angenehm, unangenehm oder neutral sind.
   Ausatmend entspanne ich mich und lächle allen Empfindungen und Geräuschen zu.

---

1 Siehe Satipatthana Sutra in Thich Nhat Hanh, *Umarme deine Wut*, Berlin: Theseus 2002, S. 24

4. Einatmend bin ich mir meiner geistigen Haltung
(Freude, Irritation, Ruhe, Unruhe, Gelassenheit,
Aufgeregtheit usw.) in diesem Augenblick bewusst.
Ausatmend weiß ich, dass diese geistige Haltung
vergänglich ist und keine feste Substanz hat, und
lächle ihr zu.

5. Einatmend weiß ich, ob meine geistige Haltung
angenehm, unangenehm oder neutral ist.
Ausatmend lächle ich meiner angenehmen, unangenehmen oder neutralen geistigen Haltung zu.

6. Einatmend bin ich mir der ständigen Veränderung
aller körperlichen und geistigen Gebilde bewusst.
Ausatmend gebe ich meine Identifizierung mit allen
körperlichen und geistigen Gebilden auf.

7. Einatmend erkenne ich, dass alle körperlichen und
geistigen Erscheinungsformen keine feste Substanz
haben.
Ausatmend fühle ich mich frei.

8. Einatmend bin ich mir bewusst, dass alle Erscheinungsformen voneinander abhängig und miteinander
verwoben sind.
Ausatmend bin ich mir des Verwobenseins aller
Erscheinungsformen bewusst.

9. Einatmend erfreue ich mich an meiner geistigen
Übung der Achtsamkeit.
Ausatmend genieße ich diesen Augenblick.

Teemeditation –
Ruhe und tiefes Schauen

Wir können unseren Geist mitten im geschäftigen Alltag beim achtsamen Teetrinken zur Ruhe führen und dabei mit dem Tee auf eine tiefe Art und Weise in Berührung sein. Das können wir alleine oder auch zusammen mit einem/r Freund/in tun, zu Hause, in einem Café oder auch ganz heimlich, wenn wir zum Tee eingeladen sind.

Wir spüren zunächst, wie wir sitzen: auf dem Boden oder auf dem Stuhl; wir spüren, wie die Füße in Kontakt mit dem Boden sind, wie sich das Gesäß in die Sitzfläche eindrückt; wir spüren, wie wir die Hände abgelegt haben, wir spüren die Schultern und nehmen wahr, wie wir den Kopf halten, und wir lösen die Verspannungen im Bereich der Kiefer, des Kinns und der Zunge. Und wir lassen ein Halblächeln entstehen.

Wir spüren den ganzen Körper mit der Ein- und mit der Ausatmung und genießen einfach unser Sitzen. Wir sind uns bewusst, dass wir jetzt Tee trinken möchten. Ohne diese Absicht würde unsere Hand sich nicht zur Teetasse hin bewegen.

Wir sehen die dampfende Teetasse vor uns und sind uns der Hand bewusst, mit der wir die Teetasse greifen wollen. Dann spüren wir den ganzen Weg der Hand bis zur Teetasse, spüren, wie die Hand sie hält. Wir spüren die Wärme des Tees. Vielleicht nehmen wir die andere Hand dazu, sodass

27

wir jetzt die Teetasse mit beiden Händen in Richtung unserer Nase hin bewegen.

Wir können zunächst einmal den Duft des Tees riechen und uns dieses Vorgangs bewusst sein: die Nase, unser Riechorgan, kommt in Berührung mit dem Duft des Tees, und zusammen mit dem Riechbewusstsein entsteht der Vorgang des Riechens. Wir gehen ganz im Vorgang des Riechens auf.

Dann führen wir die Tasse zu unseren Lippen, sind uns dabei der Berührungsempfindungen bewusst, nehmen einen Schluck und halten ihn erst einmal im Mund, um den Tee wirklich zu schmecken. Da sind der Gaumen und die Zunge, unsere Organe des Schmeckens, der Geschmack des Tees und das Schmeckbewusstsein, die diesen Vorgang des Schmeckens hervorbringen. Dann spüren wir, wie der Tee durch unsere Speiseröhre nach unten läuft und im Magen ankommt.

Wir können nun den ganzen Körper spüren und ihm zulächeln, während wir diesen Schluck Tee genießen.

Vor dem nächsten Schluck Tee können wir uns der Herkunft des Tees bewusst werden: Wir sehen das Wasser, das aus unserem Wasserhahn kommt und durch Leitungen zu unserer Wohnung transportiert wird. Es kommt aus den großen Wasserreservoirs, wo es gereinigt wurde, nachdem es als Regen oder Schnee vom Himmel fiel. Da gab es vorher eine Wolke, die sich aus dem Wasser der Flüsse, Seen und Meere bildete, weil die Wärme der Sonne dieses Wasser zum Himmel hochsteigen ließ.

So können wir auch sagen: Ich trinke eine Wolke, ich trinke einen See, ich trinke die Sonne, ich trinke die Energie des Klempners, der die Wasserleitung verlegt hat.

Dann sehen wir die Teeblätter. Wir sehen die Menschen, die die Teeplantagen in Vietnam, Japan oder Indien angelegt und kultiviert haben. Wir sehen die Erde, in die der Samen der Teepflanze ausgesät wurde, und sehen wieder Wasser und Sonne, die die Teepflanzen wachsen ließen, und sehen die Teepflücker/innen bei der Ernte des Tees.

So können wir in dieser Teetasse letztlich das ganze Universum sehen, das dazu beigetragen hat, dass wir jetzt diesen Tee genießen können: Wunderbar, vielen Dank liebes Universum für deine unendlichen Geschenke!

Diese geleitete Meditation hilft uns, den gesamten Vorgang des Teetrinkens ganz bewusst wahrzunehmen und wirklich in jedem Augenblick im Hier und Jetzt anzukommen.

1. Einatmend spüre ich, wie ich auf dem Stuhl oder Kissen sitze.
   Ausatmend spüre ich, wie ich sitze.

2. Einatmend nehme ich meinen ganzen Körper wahr.
   Ausatmend lächle ich meinem ganzen Körper zu.

3. Einatmend genieße ich die ganze Länge der Einatmung.
   Ausatmend genieße ich die ganze Länge der Ausatmung.

4. Einatmend bin ich mir meiner Absicht, Tee zu trinken, bewusst.
   Ausatmend lächle ich.

5. Einatmend spüre ich, wie meine Hände die Teetasse halten. Ausatmend spüre ich die Wärme der Teetasse in meinen Händen.

6. Einatmend bin ich mir bewusst, wie ich die Teetasse zum Mund führe.
Ausatmend genieße ich den Duft des Tees.

7. Einatmend spüre ich die Teetasse an meinen Lippen.
Ausatmend spüre und schmecke ich den Tee in meinem Mund.

8. Einatmend spüre ich, wie der Tee durch die Speiseröhre fließt.
Ausatmend lächle ich dem Tee auf seinem Weg in den Magen zu.

9. Einatmend bin ich mir all der Energien bewusst, aus denen sich der Tee zusammensetzt: Wolken, Sonne, See, Fluss, Teeplantage, Erde, Teepflücker/innen.
Ausatmend freue ich mich über dieses Geschenk des ganzen Universums.

10. Einatmend genieße ich meinen Tee.
Ausatmend lächle ich mir selbst zu.

Jeden Morgen aufs Neue die Bedingungen für Glück schaffen

Wie sind wir heute morgen aufgewacht? Und wie gehen wir mit diesem Aufwachen um?

Haben wir gesagt: »Oh wunderbar, ein neuer Tag beginnt. Ich bin gespannt, was er mir alles bringen wird. Ich bin bereit, mir selbst und allen Wesen, denen ich heute begegne, mit Verstehen, Freundlichkeit und Mitgefühl zu begegnen.«?

Oder haben wir gesagt:»Ach du meine Güte, schon wieder ein neuer Tag! Wenn ich nur daran denke, ist mir alles schon wieder viel zu viel.«?

In unserem Speicher- oder Basisbewusstsein sind die verschiedensten Samen heilsamer Geisteshaltungen versammelt, die uns selbst und anderen Freude und Glück bringen. Aber es gibt auch all die schwierigen Geisteshaltungen als Samen, die uns und anderen Leiden bringen, und natürlich gibt es auch die neutralen Geisteshaltungen als Samen.

Welche Geisteshaltung sich in unserem aktuellen Geistbewusstsein manifestiert und sich dort kürzer oder länger aufhält, hängt von bestimmten Bedingungen ab. Zu diesen Bedingungen können wir durch Achtsamkeit in Bezug auf unseren Körper und Geist viel beitragen.

Wenn wir merken, dass morgens beim Aufwachen alle möglichen Enttäuschungen und Ärgernisse in Bezug auf die Vergangenheit unseren Geist verdüstern oder wir uns Sorgen und Ängste um die Zukunft machen, ist es an der Zeit, uns selbst die Bereitschaft zu erklären, diesen Tag in Achtsamkeit zu leben. Dabei sollten wir auch daran denken, uns immer wieder zu entspannen. Das kann sich in einem Lächeln ausdrücken, indem wir die Anspannung im Bereich des Kiefers und der Zunge lösen. Wir spüren unsere Atembewegung und sind bereit, uns selbst und anderen Wertschätzung entgegenzubringen.

Wir können auch unsere Bereitschaft erneuern und bekräftigen, andere nicht durch unser Handeln oder durch unser Sprechen zu verletzen. Wir können diese Bereitschaft als kleines Gelöbnis verstehen und feiern, indem wir eine Kerze anzünden und uns in unserer Meditation an unsere guten Vorsätze erinnern und sie in uns wach halten, sodass wir den ganzen Tag oder die ganze Woche mit ihnen üben können.

Diese geleitete Meditation hilft uns, jeden Morgen aufs Neue die Bedingungen für Glück zu schaffen.

1. Einatmend spüre ich, wie ich einatme.
   Ausatmend spüre ich, wie ich ausatme.

2. Einatmend bin ich mir der ganzen Länge der Einatmung bewusst.
   Ausatmend genieße ich die ganze Länge der Ausatmung.

3. Einatmend bin ich bereit, heute von meiner Seite aus alle Bedingungen zu schaffen, um mehr Frieden zu erleben.
   Ausatmend lächle ich.

4. Einatmend bin ich bereit, mehr das Positive in mir selbst zu sehen und meinen Schwächen mit Mitgefühl zu begegnen, statt mich zu verurteilen.
   Ausatmend lächle ich.

5. Einatmend bin ich bereit, mehr das Positive in anderen Menschen zu sehen und ihren Schwächen mit Mitgefühl zu begegnen, statt sie zu verurteilen.
   Ausatmend lächle ich.

6. Einatmend bin ich bereit, mein Herz für mich selbst und für andere zu öffnen und gütig, mitfühlend und aufbauend zu sprechen und zu handeln.
   Ausatmend lächle ich.

7. Einatmend bin ich bereit, mir und anderen zu vergeben und zu versuchen, jeden Konflikt, sei er auch noch so klein, aufzulösen.
Ausatmend lächle ich.

8. Einatmend bin ich mir der Kostbarkeit meiner geistigen Übung bewusst.
Ausatmend lächle ich.

Jeden Morgen einem Menschen eine Freude machen

I vow to bring joy to one person in the morning.
And to relieve the suffering of one person in the
afternoon.

So heißt es in einer bekannten Rezitation aus der Plum Village-Tradition von Thich Nhat Hanh.

»Ich gelobe, morgens einem Menschen Freude zu schenken und das Leiden eines Wesens am Nachmittag lindern zu helfen«, ist ein wunderbares Gelöbnis.

Gelöbnis ist hier nicht im Sinne eines religiösen Bekenntnisses gemeint, sondern als entschlossene Bereitschaft, etwas zu sagen oder zu tun, das andere tröstet oder sie ermutigt. Gemäß der grundlegenden Übung des Buddha, Heilsames zu tun und Unheilsames zu lassen, wie es in der *Dhammapada*, einer Sammlung von Aussprüchen und Weisheitsworten des Buddha, heißt.

Ich nehme den Telefonhörer ab und höre die Stimme einer Dharmafreundin. Ich kenne sie schon lange und weiß, dass sie unter ihrer chronischen Nervenkrankheit sehr leidet und sich mittlerweile fast alle Freunde/innen von ihr zurückgezogen haben. Jetzt unterstützt mich dieses Gelöbnis in meiner Übung, und das allein bringt mir schon Freude. Ich sehe meine Gewohnheitsenergie, die sagen möchte: »Du, ich kann dir jetzt nicht zuhören, das ist mir gerade zu viel.«

Dann spüre ich meinen Atem und höre ihr zu oder sage vielleicht sogar etwas, das sie zum Lachen bringt. Oder ich erinnere sie an unsere Übung, beim Frühstückmachen achtsam zu sein und dann wirklich zu spüren, wie man in ein Brötchen hineinbeißt. Die Erinnerung an unsere Übung der Achtsamkeit bei allen Vorgängen hilft ihr, das Beschuldigen und Klagen zu stoppen, was ihr, wie sie ja selbst weiß, gar nicht gut tut.

Manchmal erzähle ich ihr auch von meinen Problemen und gebe ihr dadurch die Möglichkeit, ihre eigenen zu relativieren und mir Mitgefühl entgegenzubringen. Das hilft uns beiden, uns aus unserer üblichen Rolle zu lösen.

Oder: Immer wieder bekomme ich Anrufe von einem Callcenter, die ich als ziemlich lästig empfinde, weil ich weiß, dass die Anruferin mir etwas aufdrängen will. Dann denke ich daran, dass sie diesen Job angenommen hat, weil sie ihn dringend braucht und nichts Besseres gefunden hat, und wahrscheinlich hat sie den ganzen Tag mit ziemlich viel Ablehnung zu tun. Ich bedanke mich ganz freundlich für ihr Angebot und sage vielleicht noch: »Sie haben bestimmt keine einfache Arbeit. Ich wünsche Ihnen noch einen schönen Tag«, statt sie mit unfreundlichen Worten aus der Leitung zu werfen. So kann sie mit mir zwar keinen Abschluss tätigen, aber immerhin hört sie ein paar freundliche Worte an diesem Tag.

Oder: Der Handwerker kommt, mit dem ich schon seit einigen Jahren zusammenarbeite. Ich sehe das Pflaster auf seinem rechten Daumen und einen Schutzhandschuh an seiner linken Hand und frage ihn, was passiert ist.

Er erzählt mir von seinem Stress, jeder will etwas von ihm und immer so schnell wie möglich. Ich weiß, dass er ein sehr mitfühlender und hilfsbereiter Mensch ist und sich deshalb manchmal zu sehr unter Druck setzen lässt, um es allen recht zu machen.

Ich frage ihn, ob ich ihm eine kleine Meditationsanleitung zur Stressreduzierung geben darf, damit er bei seiner Arbeit öfter mal eine Pause machen und seinen Atem spüren kann. Er ist einverstanden und setzt sich in meiner Küche auf einen Stuhl, und ich gebe ihm die klassischen Anweisungen zur Meditation. Er kann sich gut auf die acht Minuten einlassen.

Er freut sich sehr über mein Interesse an seinem Wohlergehen, und ich freue mich, dass ich ihm zumindest an diesem Tag acht Minuten stressfreie Zeit geben kann.

Diese geleitete Meditation hilft uns, mit einem Gelöbnis zu üben: Morgens einem Menschen eine Freude machen und das Leiden eines Wesens am Nachmittag lindern zu helfen.

1. Einatmend spüre ich, wie einatme.
   Ausatmend spüre ich, wie ich ausatme.

2. Einatmend bin ich bereit, morgens einem Menschen eine Freude zu machen.
   Ausatmend bin ich bereit, nachmittags den Schmerz eines Wesens lindern zu helfen.

3. Einatmend höre ich das Klingeln des Telefons.
   Ausatmend spüre ich drei Atemzüge, bevor ich den Hörer abnehme.

4. Einatmend bin ich bereit, dem Menschen am Telefon mit Freundlichkeit zu begegnen.

Ausatmend spüre ich meinen Atem und höre mir sein Anliegen an.

5. Einatmend spüre ich meine Füße auf dem Boden.
   Ausatmend lasse ich mir Zeit, die richtige Antwort zu finden.

6. Einatmend fühle ich das Leiden des/r Anrufer/in.
   Ausatmend finde ich Worte, die tröstend oder aufbauend sind.

7. Einatmend erinnere ich mich an meine eigene Buddhanatur, an alle meine wunderbaren Eigenschaften, die als Samen in meinem Speicherbewusstsein ruhen.
   Ausatmend weiß ich, dass ich sie jeden Tag nähren muss, damit sie aufblühen können.

8. Einatmend bin ich mir der Buddhanatur des/r Anrufer/in bewusst.
   Ausatmend möchte ich alle ihre/seine wunderbaren Eigenschaften berühren und nähren.

9. Einatmend bin ich mir der Kostbarkeit meiner geistigen Übung bewusst.
   Ausatmend lächle ich mir selbst und allen Wesen zu, die mir die Gelegenheit zu üben geben.

Jeden Morgen geht die Sonne auf

Wenn wir morgens aufwachen, strömen manchmal unendlich viele Gedanken durch unseren armen Kopf, in denen sich oft Sorgen und Ängste in Bezug auf die Zukunft ausdrücken. Wir fühlen uns vielleicht von den Anforderungen überwältigt, die wir selbst oder andere an uns stellen oder von denen wir denken, dass andere sie an uns stellen. Wenn wir uns dessen bewusst werden, geht es erst einmal nur darum, unseren Geist durch die grundlegende Übung der Achtsamkeit in Bezug auf unsere körperlichen Bewegungen und das Spüren des Atems zu beruhigen.

Können wir den Geist wirklich bei den körperlichen Empfindungen halten, ihn ganz achtsam in jeder Körperbewegung, in jeder Körperhaltung sammeln, kann er sich mit diesen Sorgen und Ängsten nicht davonmachen.

Ich erlebte die Kraft und gute Auswirkung dieser Übung einmal inmitten eines »sorgenvollen Morgens« beim Zähneputzen. Aufgewacht war ich mit allen möglichen Sorgen und Ängsten und vermochte meinen Geist dann während des Zähneputzens so vollkommen in diesem Vorgang zu sammeln, dass sich keine Sorgen und Ängste mehr dazwischendrängen konnten und sie alle sich während des Putzens auflösten.

Ich spürte nur noch ein großes Gefühl von Frieden und Dankbarkeit für diese Übung des »Einfach-nur-da-Seins«;

und dieses Dasein war in diesem Augenblick von vollkommener Schönheit.

Diese geleitete Meditation hilft uns, unsere Sorgen loszulassen und einfach unser reines Dasein zu genießen.

1. Einatmend spüre ich, wie ich einatme.
   Ausatmend spüre ich, wie ich ausatme.

2. Einatmend bin ich mir bewusst, dass ein neuer Tag beginnt.
   Ausatmend bin ich bereit, ihn voller Achtsamkeit zu erleben.

3. Einatmend spüre ich, wie sich mein Körper in das Bett eindrückt.
   Ausatmend lächle ich meinem Körper zu.

4. Einatmend bin ich mir bewusst, wie mein Geist Pläne für den Tag schmiedet und sich Sorgen macht.
   Ausatmend lächle ich allen Plänen und Sorgen zu.

5. Einatmend spüre ich meine Füße auf dem Boden, während ich aus dem Bett steige.
   Ausatmend gebe ich mein ganzes Körpergewicht an die Füße ab.

6. Einatmend spüre ich meine Füße, die mich zum Badezimmer tragen.
   Ausatmend spüre ich, wie ich die Klinke zur Badezimmertür herunterdrücke.

7. Einatmend lächle ich meinem Gesicht im Spiegel zu.
   Ausatmend nehme ich wahr, wie ich mir die Zähne
   putze.

8. Einatmend spüre ich beim Duschen die angenehmen
   Empfindungen des warmen Wassers auf meinem
   Körper.
   Ausatmend nehme ich wahr, wie ich mich abtrockne.

9. Einatmend spüre ich Freude über meine Achtsamkeit
   im Geist aufsteigen.
   Ausatmend genieße ich die Freude der Achtsamkeit
   in diesem Augenblick.

10. Einatmend bin ich mir der Kostbarkeit meiner
    geistigen Übung bewusst.
    Ausatmend bin ich bereit, ein erwachtes Leben zu
    führen.

11. Einatmend spüre ich, wie ich einatme.
    Ausatmend spüre ich, wie ich ausatme.

Loslassen

Es gibt viele wunderbare Gelegenheiten, uns im Loslassen zu üben. Eine Urlaubsreise ist sicher eine davon. Wir fahren gerne weg, weil wir eine große Sehnsucht danach haben, unsere alltäglichen Sorgen, Ängste und Probleme einmal für eine Weile hinter uns zu lassen. Wir lassen dabei auch unsere gewohnte Umgebung hinter uns, wo alles für unsere Bequemlichkeit eingerichtet ist.

Unseren Geist ganz auf eine neue Umgebung einzustellen weitet unsere Wahrnehmung, und wir können mit den kleinen und großen Schönheiten der neuen Umgebung in Berührung kommen. Das hilft uns manchmal schon, die Beschwernisse unseres Alltags loszulassen.

Auch bei der Atemmeditation können wir uns wunderbar im Loslassen üben. Wir müssen die Einatmung loslassen, damit wir die Ausatmung voll erleben können, wir müssen die Ausatmung loslassen, damit wir die Einatmung voll erleben können.

Oder bei der Gehmeditation: Wir vollenden den Schritt mit dem linken Bein (Heben, Tragen, Senken), damit der nächste Schritt mit dem rechten Bein vollzogen werden kann.

Gibt es etwas Schöneres, als ganz bewusst das Loslassen bei so kleinen Dingen im Leben zu üben?

Wenn uns dieser Vorgang des Loslassens bei den kleinen Dingen immer mehr bewusst wird und wir uns gut darin üben, immer wieder loszulassen, fällt uns das mit der Zeit dann auch nicht mehr so schwer, wenn sich unser Leben grundlegend verändert und wir große Dinge loslassen müssen: einen lieben Menschen, der stirbt oder sich von uns trennt; ein Tier, mit dem wir unser Leben teilten; einen Arbeitsplatz, der uns über lange Jahre Erfüllung und Sicherheit schenkte; unseren Wohnort, weil es dort keine Arbeit mehr gibt oder unser/e neue Partner/in woanders wohnt; unsere Heimat aufgrund von politischen oder ökonomischen Gründen; unsere Gesundheit, weil wir vielleicht eine chronische Krankheit bekommen oder alt und zerbrechlich werden.

Die Frage: »Kann ich mich in dieser Situation ganz öffnen für alles, was diese Veränderung mit sich bringen wird?«, hilft sehr, einen inneren Raum des Akzeptierens, der Gelassenheit und des Interesses entstehen zu lassen.

In einer Todesanzeige las ich einmal ein Zitat des Sufilehrers Hazrat Inayat Khan, das mich fortan sehr in meinem Leben begleitet hat:

Wenn das Dach über deinem Kopf zusammenbricht, kannst du endlich wieder den Himmel sehen.

Dieses Zitat hilft mir immer wieder, loszulassen und dieses bedingungslose Einverstandensein mit dem, was ist und noch kommen wird, zu entwickeln, und da kann ich gleich bei den kleinen Dingen in meinem Alltag anfangen. Ich weiß mittlerweile, dass dann meine Chancen wachsen, den Himmel auch in sehr existenziellen Situationen zu entdecken. Ein Beispiel für diese kleinen Situationen:

Ich komme zu einem Wochenendseminar mit anderen Dharmafreunden/innen, das in einem schönen, kleinen Meditationszentrum mit Mehrbettzimmern und Zweibettzimmern stattfindet.

Ich beziehe nach meiner Ankunft ein Doppelzimmer und freue mich, dass ich es mit Annette teilen werde, mit der ich schon das Zimmer auf der Vietnamreise einen Monat lang geteilt hatte. Wir sind bereits ein eingespieltes Team. Sie kann allerdings erst einen Tag später anreisen.

Ich freue mich auf die vertrauten Gespräche, die wir sicher abends und in den Pausen während des Treffens haben werden.

Nach dem Frühstück kommt mir eine Frau entgegen und sagt zu mir: »Ich bin Beatrice (Name geändert) und gerade in dein Zimmer eingezogen.« Sie ist aus einem Mehrbettzimmer, das ihr irgendwie nicht passte, ausgezogen und in das Zweibettzimmer gewechselt.

Sie hat mich nicht gefragt, sie ist einfach eingezogen. Ich bin verblüfft und sage: »Eigentlich war ich mit Annette verabredet. Wir wollten das Zimmer teilen ... Sie kommt heute Vormittag an ...«

Beatrice sagt: »Jetzt habe ich aber schon meine Sachen rein gestellt ...«

Ich versuche, mein Zimmer mit Annette zu retten: »Ja aber Annette kommt gleich, und wir haben uns beide so darauf gefreut ...«, aber dann lenke ich ein, denn ich möchte auch nicht zu sehr an meinen Vorlieben anhaften und sie verletzen: »In Ordnung, dann lassen wir es jetzt so.«

Ich denke an meine Übung des inneren Loslassens und frage mich einfach: »Bin ich bereit, mich jetzt in dieser Situation ganz zu entspannen und meine Vorstellungen loszulassen?«

Als Annette kommt, schildere ich ihr die Situation, und sie zieht ohne weitere Kommentare in das Mehrbettzimmer. Sie ist schon sehr geübt im Loslassen.

Ich bin mir bewusst, dass ich jetzt mein Herz wirklich für Beatrice öffnen muss, damit wir beide eine gute Zeit miteinander haben werden. Wir kommen schnell ins Gespräch und haben einen sehr freundschaftlichen, interessanten Austausch.

Diese geleitete Meditation hilft uns, unsere Vorstellungen loszulassen und für Veränderungen offen zu sein.

1. Einatmend spüre ich, wie ich einatme.
   Ausatmend spüre ich, wie ich ausatme.

2. Einatmend spüre ich, wie ich die Einatmung
   loslassen muss, damit die Ausatmung folgen kann.
   Ausatmend spüre ich, wie ich die Ausatmung
   loslassen muss, damit die Einatmung folgen kann.

3. Einatmend spüre ich, wie dieser Schritt vollendet ist.
   Ausatmend spüre ich, wie der nächste Schritt
   vollendet ist.

4. Einatmend spüre ich, wie ich die Türe öffne.
   Ausatmend spüre ich, wie ich die Türe schließe.

5. Einatmend freue ich mich auf meine Urlaubsreise.
   Ausatmend spüre ich, wie ich meine gewohnte
   Umgebung loslassen muss, und lächle.

6. Einatmend bemerke ich, dass das Verhalten eines Menschen nicht meinen Vorstellungen entspricht.
   Ausatmend schaue ich genau hin, was ich jetzt loslassen muss.

7. Einatmend bin ich mir bewusst, dass ich mein Haus, meine Stadt, mein Land verlassen muss.
   Ausatmend bin ich achtsam bei jedem Schritt.

8. Einatmend lese ich den Brief mit der Kündigung meines Arbeitsplatzes.
   Ausatmend nehme ich mich selbst ganz zärtlich in die Arme und bin bereit, jetzt loszulassen.

9. Einatmend höre ich die Worte eines Menschen, der mir nahesteht und sich von mir trennen möchte.
   Ausatmend nehme ich mich selbst ganz zärtlich in die Arme und bin bereit, ihn loszulassen und mein Herz auch für andere Menschen offen zu halten.

10. Einatmend lasse ich alle Sorgen, alle Probleme und alle Pläne wie Wolken am windigen Himmel vorüberziehen.
    Ausatmend lächle ich allen Wolken zu.

Stabilität, Leichtigkeit und Freiheit entwickeln

Bevor wir uns ganz bewusst unseren schwierigen Gefühlen zuwenden, ist es wichtig, in den »normalen« Zeiten, wenn es uns gut geht, durch die Achtsamkeit in Bezug auf unsere Atembewegung, durch achtsames Gehen oder andere achtsame Alltagsaktivitäten all die Energien in uns zu nähren, die uns Stabilität, Leichtigkeit, Gelassenheit und Freude bringen.

Wenn wir uns in »normalen« Zeiten mit dieser grundlegenden Achtsamkeitsübung, die uns hilft, Körper und Geist immer wieder zusammenzuführen und Ruhe in unserem Geist entstehen zu lassen, vertraut machen, steht uns diese Übung auch zur Verfügung, wenn wir sehr aufwühlende Gefühle erleben.

Wir können uns bewusst werden, dass alle geistigen Gebilde als Samen in unserem Speicherbewusstsein liegen (als heilsame, unheilsame oder neutrale Samen) und aufgrund von bestimmten Bedingungen in unserem aktuellen Geistbewusstsein in Erscheinung treten.

Als Erstes ist es wichtig, die schwierigen Geisteszustände zu erkennen, uns ihrer wirklich bewusst zu werden, wenn sie da sind, sie nicht zu verdrängen, indem wir sagen: »Ich bin doch nicht ärgerlich, ich bin doch nicht enttäuscht, ich bin doch nicht verzweifelt ...«

Diese Verdrängungshaltung wäre ein Ausdruck von Ignoranz oder Unwissenheit, einem der zentralen sogenannten geistigen Gifte, wie es im Buddhismus heißt, neben Begehren und Hass.

Es ist wichtig, dass wir uns eingestehen: »Aha, jetzt ist Verzweiflung, Ärger oder Enttäuschung da.«

Der Buddha sagte einmal, ein Mensch, der nicht erkennt, dass er leidet, wenn er leidet, ist wie ein Maulesel, der eine schwere Last mit sich herumträgt, die er nicht loslassen kann.

Ich muss immer lachen, wenn ich an dieses Beispiel denke und es auf mich selbst anwende, und es ist wunderbar, wenn ich mich im betreffenden Augenblick daran erinnere und mich frage: »Annabelle, ist dir bewusst, dass du gerade leidest? Bist du bereit, diese Last, die dich gerade leiden lässt, loszulassen?«

Durch diese fragende Form drückt sich meine Achtsamkeit in diesem Augenblick für meine geistige Haltung aus, und das hilft mir, die Identifikation mit dem schwierigen Gefühl etwas zu lösen, und es öffnet sich so der Raum für ein tieferes Erforschen und Verstehen meiner Situation.

Dann spüre ich den Atem und nehme die körperlichen Empfindungen mit der Ein- und Ausatmung wahr. Ich kann genau beobachten, wie sich das schwierige Gefühl in meinem Körper ausdrückt: Wenn ich Angst vor etwas habe oder aufgeregt bin, ist meine Kehle vielleicht zugeschnürt oder meine Hände sind feucht; bei Ärger oder Wut ist mir vielleicht ganz heiß, und ich bin kurz davor zu explodieren; ein Gefühl der Verzweiflung oder Depression könnte sich so ausdrücken, dass ich mich ganz schwach fühle.

Wenn ich meinen Geist vollkommen in der Atembewegung sammle, erzeugt das oft schon nach wenigen Minuten etwas Stabilität und Frische in meinem Körper und Geist, denn mein Geist hat jetzt ein neutrales oder sogar angenehmes Objekt zur Beobachtung.

Und wenn ich mich dann noch daran erinnere, dass es eigentlich nur ein Heilmittel für unsere schwierigen Geisteszustände gibt: ihnen großes Mitgefühl, Güte und Geduld entgegenzubringen, dann kann nicht mehr viel passieren.

Für mich ist auch die Form der Frage sehr wirkungsvoll, weil sie mich nicht unter Druck setzt, jetzt keine Angst oder keinen Ärger haben zu dürfen, sondern sich in ihr eine große Offenheit zeigt: Die Frage: »Kann ich diesem Ärger, dieser Verzweiflung, dieser Depression Mitgefühl entgegenbringen, sie voller Zärtlichkeit umarmen?«, leitet meinen Geist in eine ganz andere Richtung und gibt mir den Raum, in dem sich dieses schwierige Gefühl umwandeln kann.

Mir wird auch bewusst, dass mir meine Achtsamkeit, Geduld und mein Mitgefühl die Freiheit geben, mich nicht mehr von negativen Gefühlen vereinnahmen zu lassen, und das hilft mir, die Geschichte nicht fortwährend zu wiederholen, die sie hervorgebracht hat.

Wenn ich auf diese Art und Weise regelmäßig mit meinen schwierigen Geisteszuständen übe, immer dann, wenn sie auftauchen, merke ich, wie sie ihre Festigkeit verlieren und geschwächt in mein Speicherbewusstsein absinken. Im Laufe der Jahre konnte ich beobachten, wie sie auf einer tiefen Ebene heilen und sich alte, leidbringende Strukturen in meinem Speicherbewusstsein allmählich auflösen.

Zu erkennen, dass in mir möglicherweise wieder und wieder die CD mit der Geschichte, die zu diesem Gefühl geführt hat, läuft, und sie dann zu wechseln ist eine wunderbare Übung. Und irgendwann beginnt diese Übung des CD-Wechselns, der Transformation von schwierigen Gefühlen, richtig Spaß zu machen, denn mitten in einem schwierigen Gefühl der Ungeduld, Wut, Irritation oder Verzweiflung dreht sich der Wind und flüstert mir zu: »Hab keine Angst, du brauchst mich nur zu umarmen ...«

Was passiert da?

Wir verlieren allmählich unsere Angst vor schwierigen Gefühlen, das heißt, wir verlieren die Angst, von ihnen überwältigt und beherrscht zu werden. Diese Angst ist ein starker Motor, der sie uns sofort verdrängen lässt und damit ihre Heilung verhindert. Eine weitere Angst besteht vielleicht darin, dass wir glauben, nicht geliebt zu werden, wenn andere bemerken, dass wir diese negativen Gefühle haben.

Erkennen wir durch unsere Übung der nicht-urteilenden Wahrnehmung schwierige Gefühle, wenn sie da sind, spüren wir sie wirklich und lassen sie zu, ohne uns in ihnen zu baden, und umarmen wir sie dann voller Zärtlichkeit wie eine Mutter ihr weinendes Kind, wie Thay immer sagt, verlieren wir unsere Angst vor ihnen. Dieser Quantensprung in unserer Übung wird unser ganzes Leben verändern.

Thich Nhat Hanh weist beim Umgang mit schwierigen Gefühlen immer wieder auf das Bild der Umwandlung von Kompost in eine schöne Rose hin.

Die bekannte buddhistische Lehrerin Pema Chödron stellt die Frage: »Kann unser Schmerz Sprungbrett werden für die Weitung unseres Herzens?«

Wenn wir uns wirklich wünschen, den Schmerz der Enge unseres Herzens aufzulösen, bleibt uns nichts anderes übrig, als immer wieder mit uns selbst und anderen zu üben.

Unsere Übung wird eine positive Auswirkung auf andere Wesen haben, mit denen wir unseren Alltag teilen.

Diese geleitete Meditation hilft uns sehr, auch angesichts schwieriger Gefühle Stabilität und Gelassenheit zu entwickeln und diese Energie an unsere Umgebung weiterzugeben.

1. Einatmend weiß ich, dass ich einatme.
   Ausatmend weiß ich, dass ich ausatme.

2. Jede bewusste Einatmung bringt mir Frische und Leichtigkeit in Körper und Geist.
   Ausatmend gebe ich Frische und Leichtigkeit an meine Umgebung weiter.

3. Jede bewusste Einatmung bringt mir Stabilität und Frieden.
   Ausatmend gebe ich Stabilität und Frieden an meine Umgebung weiter.

4. Jede bewusste Einatmung bringt mir Gelassenheit.
   Ausatmend gebe ich Gelassenheit an meine Umgebung weiter.

5. Jede bewusste Einatmung hilft mir, Konzentration zu entwickeln.
   Ausatmend gebe ich die Freude der Konzentration an meine Umgebung weiter.

6. Jede bewusste Einatmung hilft mir, meine Enttäuschung zu erkennen, zu umarmen und umzuwandeln.
   Ausatmend gebe ich meine Freiheit an meine Umgebung weiter.

7. Jede bewusste Einatmung hilft mir, meinen Ärger zu erkennen, zu umarmen und umzuwandeln.
Ausatmend gebe ich meine Freiheit an meine Umgebung weiter.

8. Jede bewusste Einatmung hilft mir, meine Verzweiflung zu erkennen, zu umarmen und umzuwandeln.
Ausatmend gebe ich meine Freiheit an meine Umgebung weiter.

9. Jede bewusste Einatmung hilft mir, meine Angst zu erkennen, zu umarmen und umzuwandeln.
Ausatmend gebe ich meine Freiheit an meine Umgebung weiter.

10. Jede bewusste Einatmung hilft mir, mich und andere Wesen tiefer zu verstehen.
Ausatmend kann ich das Leiden meiner Mitwesen lindern helfen.

11. Einatmend erfreue ich mich an der Kostbarkeit meiner geistigen Übung.
Ausatmend lächle ich.

Achtsamkeit im Alltag –
Ruhe und Heilung

Die Achtsamkeitsübung, die der Buddha uns gelehrt hat, ist das Herz der buddhistischen Meditation.

Achtsamkeit ist die Fähigkeit des Geistes, direkt mit dem in Berührung zu kommen, was wir erleben: den körperlich-geistigen Prozessen, die gerade vonstatten gehen. Die Schleier des verurteilenden oder begehrenden Geistes werden in jedem Augenblick, in dem wir wirklich achtsam sind, vor unserem geistigen Auge weggezogen.

Achtsamkeit ist wie ein Spiegel, der genau das widerspiegelt, was da ist. Nichts wird verzerrt. Dieser Spiegel tut nichts dazu, nimmt nichts weg.

Meine Lehrerin Ruth Denison sagt: »Die Achtsamkeit greift nach nichts, leugnet oder beschönt nichts, wählt nicht aus, zieht nichts an und stößt nichts weg. Es geht um reines Dasein, reine Präsenz, und es ist eine Präsenz, die in jedem Augenblick unseres Lebens möglich ist.«

Achtsamkeit ist mitten in unserem geschäftigen Alltag mit all den 1000 Dingen, die wir zu tun haben, möglich.

Sie hängt auch nicht von einer äußeren Macht, einem Gott oder Guru ab. Die Achtsamkeit ist sofort da, wenn wir uns an diese Qualität des Spiegels erinnern.

Die damit verbundene Unbefangenheit des Sehens und dieses staunende, interessierte Aufmerken bringen große Frische, Lebendigkeit und Leichtigkeit in unser Dasein. Dadurch wird unser Leben wieder richtig interessant, denn wir

sortieren jetzt nicht alles gleich in unsere verschiedenen Schubladen ein, in die wir üblicherweise alles wegsperren und kategorisieren.

Ich selbst, andere Wesen, unterschiedliche Situationen und Begegnungen können sich in ihrer ganz eigenen Art und Weise erst einmal zeigen und mitteilen.

Diese Art des Sehens hat eine sehr heilende Wirkung auf unseren Körper und Geist: Erleben wir uns in allem, was uns ausmacht, in dieser Eigenschaft der Zeugin oder des Zeugen, dann sind wir in diesem Augenblick ganz da, von nichts abgetrennt, egal ob das geistige Zustände von Angst oder Freude, Feindseligkeit oder Mitgefühl, Langeweile oder Interesse, Glückseligkeit oder Ärger, Gelassenheit oder Verzweiflung sind, egal ob gerade körperliches Wohlsein oder körperliche Schmerzen da sind. Dieses Nicht-mehr-Getrenntsein führt zu einer tiefen inneren Ruhe und großem Frieden.

Von dieser reinen Beobachtung aus können wir dann entscheiden, welche Eigenschaften wir in uns fördern wollen, weil sie zu tieferem Glück führen, und von welchen wir uns lösen wollen, weil sie dieses Glück verhindern und uns selbst und anderen Wesen Leiden bringen.

1. Einatmend spüre ich, wie ich einatme.
   Ausatmend spüre ich, wie ich ausatme.

2. Einatmend bin ich mir bewusst, dass ich den Küchentisch abwische.
   Ausatmend lächle ich mir selbst zu.

3. Einatmend bin ich mir bewusst, dass ich den Tisch decke.

Ausatmend genieße ich meine Bewegungen beim Tischdecken.

4. Einatmend bin ich mir bewusst, dass ich die Toilette putze.
   Ausatmend lächle ich mir selbst zu.

5. Einatmend bin ich mir eines Gefühls der Langeweile bewusst.
   Ausatmend lächle ich dem Gefühl der Langeweile zu.

6. Einatmend spüre ich, wie ein Gefühl der Angst in mir hochsteigt.
   Ausatmend lächle ich dem Gefühl der Angst zu.

7. Einatmend höre ich das Zufallen einer Türe im Haus.
   Ausatmend höre ich das Bellen eines Hundes.

8. Einatmend bin ich mir der Kostbarkeit meiner geistigen Übung der Achtsamkeit bewusst.
   Ausatmend erkenne ich, dass sie mir in jedem Augenblick meines Lebens Ruhe und Heilung bringen kann.

Dankbarkeit, Freude und Mitgefühl –
Wie lebe ich mein Leben?

Gefühle der Depression, Sinnlosigkeit und Verzweiflung sind in unserer Gesellschaft, in der Konsumieren und Haben-Wollen der erste Hit auf der Top-Ten-Liste ist, weit verbreitet. Oft drückt sich in ihnen die geistige Haltung des Mangels in der Überflussgesellschaft aus. Wenn wir unseren Blickwinkel ändern und uns all das anschauen, was uns an materiellen und immateriellen Dingen zur Verfügung steht, und wenn wir bereit sind, uns daran zu erfreuen, wird es uns gleich besser gehen, und wir können dann auch all den Wesen Mitgefühl entgegenbringen, denen das fehlt, was wir in diesem Augenblick haben.

Meist werden uns unsere Reichtümer erst bewusst, wenn sie uns durch Krankheit, Alter, Sterben oder Kriege zu entschwinden drohen.

Vor einiger Zeit ging ich einkaufen und traf auf der Straße eine ältere, schwergewichtige Frau mit Rollator, die sich nur ganz mühsam vorwärtsbewegte. Ich bemerkte, wie sie interessiert zu meinem Dackel hinschaute, und blieb stehen, damit sie ihn begrüßen und streicheln und sich an ihm erfreuen konnte.

Wir kamen ins Gespräch, und sie erzählte mir, dass sie zehn Jahre ihren Mann gepflegt hatte, der beinamputiert war. Oft musste sie ihn auch tragen, und ihre Bandscheiben sind davon schwer geschädigt.

Wir verabschiedeten uns freundlich voneinander, und ich schaute ihr nach und sah, wie sie schon mit dem nächsten Hund Kontakt aufnahm. Voller Bewunderung dachte ich daran, mit welcher inneren Kraft sie ihr Leben meisterte. Ich spürte, wie bereichernd diese Begegnung für mich war. Ich spürte Dankbarkeit für diese Begegnung und für die Tatsache, dass ich gut gehen kann und nur gerade leichte Ischiasschmerzen, aber keinen Bandscheibenvorfall habe.

Die Entwicklung von geistigen Fähigkeiten wie Dankbarkeit, Freude und Mitgefühl ist für mich immer wieder die beste Medizin gegen Gefühle der Depression, Sinnlosigkeit und Verzweiflung. Wir können uns diese Medizin tagtäglich selbst zusammenmixen und sie mit all den vielen Kostbarkeiten füllen, die unser Leben in diesem Augenblick ausmachen.

Diese geleitete Meditation hilft uns, Dankbarkeit, Freude und Mitgefühl zu entwickeln, um schwierige Gefühle der Sinnlosigkeit und Verzweiflung aufzulösen.

1. Einatmend spüre ich, wie ich einatme.
   Ausatmend spüre ich, wie ich ausatme.

2. Einatmend spüre ich die ganze Länge der Einatmung.
   Ausatmend genieße ich die ganze Länge der Ausatmung.

3. Einatmend freue ich mich, dass ich heute Nacht in einem geschützten Raum schlafen konnte.
   Ausatmend wünsche ich allen Wesen, dass sie heute Nacht beschützt und behütet sind.

4. Einatmend freue ich mich, dass ich mich satt essen konnte.
   Ausatmend umarme ich alle Wesen, die heute hungrig sind, und wünsche mir, dass sie sich satt essen können.

5. Einatmend freue ich mich, dass ich gehen, stehen und laufen kann.
   Ausatmend helfe ich einer Person, die unsicher ist, die Straße zu überqueren.

6. Einatmend freue ich mich, dass ich meinen Geist durch Sitz- und Gehmeditation beruhigen, stabilisieren und erfrischen kann.
   Ausatmend lächle ich allen meinen geistigen Lehrer/innen voller Dankbarkeit zu.

7. Einatmend freue ich mich, dass ich durch meine Achtsamkeit und durch mein Mitgefühl negative Geisteshaltungen heilen kann.
Ausatmend bin ich bereit, diese Übung mit anderen Menschen zu teilen.

8. Einatmend freue ich mich über die heilenden Kräfte der Natur um mich herum.
Ausatmend bedanke ich mich bei allen Bäumen, Büschen, Blumen und Bächen für ihr Dasein.

9. Einatmend bin ich mir der Kostbarkeit meiner geistigen Übung bewusst.
Ausatmend lächle ich.

Die sechs wunderbaren
Geisteshaltungen entwickeln

Die sechs wunderbaren Geisteshaltungen (*paramitas*) sind:
1. dana – Geben, Freigebigkeit, Großzügigkeit.
2. shila – Sittlichkeit, ethisches Verhalten, Achtsamkeitsübungen.
3. kshanti – Geduld, Nachsicht, Herzensweite, Fähigkeit den Schmerz, der mir zugefügt wurde, zu transformieren.
4. virya – entschlossenes Bemühen, Tatkraft, Ausdauer.
5. dhyana – Meditation, Sammlung.
6. prajna – Weisheit, Einsicht, tiefes Verstehen.

Diese wunderbaren Geisteshaltungen oder Vollkommenheiten des Geistes entwickeln sich, wenn sich durch Achtsamkeit und Mitgefühl unsere geistigen Verdunkelungen und Hindernisse immer mehr auflösen.

Wir können uns auch ganz bewusst in ihnen üben, indem wir uns in bestimmten Situationen an sie erinnern und uns fragen: »Welche Vollkommenheit des Geistes könnte ich jetzt kultivieren, damit es mir und anderen wirklich gut geht?«

Wir können uns jeden Morgen vornehmen, mit einer Paramita ganz besonders zu üben, und schauen uns dann an, wie sich das auf die Entwicklung der fünf anderen auswirkt.

Wenn wir zum Beispiel mit der Paramita der Großzügigkeit üben, können wir uns morgens überlegen, bei welchen

Menschen, in welchen Bereichen oder Situationen wir heute die Gelegenheit haben, großzügig zu sein, indem wir auf der materiellen oder immateriellen Ebene etwas geben. Das tut uns selbst gut, wenn es ein Geschenk ist, das andere wirklich brauchen.

Vielleicht braucht jemand ein offenes Ohr oder unsere Stabilität, unsere Unvoreingenommenheit, unser Nichtverletzen in einer schwierigen Situation oder unsere Heiterkeit, wenn sie/er alles viel zu ernst nimmt, oder wir bieten unserer kranken Nachbarin an, einkaufen zu gehen, oder übernehmen die Betreuung der Kinder/Enkel oder engagieren uns in einer Hilfsorganisation. Es gibt da viele Möglichkeiten.

Thich Nhat Hanh sagt, dass das chinesische Schriftzeichen für Paramita »zum anderen Ufer übersetzen« bedeutet. Und wir können uns fragen: »Wo liegt das andere Ufer für mich oder worin besteht es? Was kann ich tun, um dorthin zu gelangen?«

Durch unsere geistige Übung der Achtsamkeit, der Konzentration und des tiefen Verstehens haben wir die Möglichkeit, in jedem Augenblick unseres Lebens zu erkennen, wenn wir am Ufer der Verzweiflung, Angst, Enttäuschung, Einsamkeit oder Eifersucht stehen. Indem wir diesen schwierigen Gefühlen mit Achtsamkeit und Mitgefühl begegnen, können sie sich auflösen, und wir können an das andere Ufer übersetzen: das Ufer der Freiheit von Angst, Verzweiflung, Enttäuschung, Einsamkeit oder Eifersucht.

Diese Freiheit von schwierigen Gefühlen ist ein großes Geschenk für uns und unsere Umgebung.

Wenn wir es positiv ausdrücken wollen, können wir sagen: »Ich möchte selbst Frische, Stabilität, Frieden, Ruhe,

Gelassenheit usw. entwickeln und gebe diese wunderbaren Eigenschaften des Geistes, die sich in meinem ganzen Sein, in meinem Sprechen, in meinem Verhalten ausdrücken, an meine Umgebung weiter.« Wir können uns immer wieder klarmachen, dass unsere gesamte geistige Übung nicht nur uns selbst Nutzen bringt, sondern auch unserer näheren und ferneren Umgebung.

Eine der Übungen, die mich am meisten berührte, als ich nach Plum Village kam, war, mit jemandem Hand in Hand während der Gehmeditation zu gehen. Normalerweise geht man nur mit einer nahestehenden Person Hand in Hand, aber in Plum Village wird dieser Prozess des Sich-näher-Kommens manchmal sehr beschleunigt.

Zuerst beobachtete ich nur, wie andere Menschen Hand in Hand gingen, aber ich selbst war zu schüchtern dazu – manchmal kam auch ein subtiles Gefühl der Einsamkeit auf, wenn ich so viele sah, die sich an der Hand hielten.

Ich komme aus der Theravada/Vipassana-Tradition, wo man bei klassischen Schweigeretreats die Anweisung bekommt, jeden Augenkontakt zu vermeiden, ganz zu schweigen von direktem körperlichen Kontakt. So war für mich die Übung, Hand in Hand Gehmeditation zu praktizieren und auf solch direkte Art und Weise mit anderen zu kommunizieren, neu und etwas ganz Besonderes.

Es war während eines der großen Sommerretreats, direkt nach dem Rosenfest, an dem ich öffentlich über das Zusammensein mit meiner Mutter während der letzten Monate ihres Lebens gesprochen hatte. Eine Nonne, die sich von meiner Erzählung berührt fühlte, kam zu mir, als die Gehmeditation anfing. Sie verbeugte sich und nahm meine Hand.

Sie tat es auf eine so klare und selbstverständliche Weise, dass ich mich sehr wohl fühlte, als wir zusammen mit Thich Nhat Hanh und der ganzen Sangha um den Lotosteich gingen.

Ich kannte sie kaum; es hatte sogar einen kleinen Vorfall gegeben, bei dem ich mich dabei ertappte, wie ich sie verurteilte, weil sie sich in einer Art und Weise verhalten hatte, die ich nicht gut fand.

Jetzt war sie also zu mir gekommen, hatte meine Hand genommen und wir gingen zusammen, als ob wir uns schon lange kennen würden und als ob wir die besten Freundinnen wären.

Einfach nur ihre warme Hand zu spüren und in jedem Schritt, den wir miteinander gingen, ganz achtsam anzukommen half mir, alle Vorurteile, die ich ihr gegenüber hatte, loszulassen und mich wirklich ganz geborgen mit dieser Hand und bei jedem Schritt zu fühlen.

Die Klarheit und Festigkeit, mit der sie sich verbeugt und meine Hand genommen hatte, waren eine große Lehre für mich. Sie zeigten mir, wie einfach es sein kann, Schüchternheit und das Gefühl der Einsamkeit loszulassen.

Danach habe ich viele Male selbst andere eingeladen, Hand in Hand mit mir bei der Gehmeditation zu gehen, und das half mir sehr, mich nicht mehr von meiner Schüchternheit dominieren zu lassen.

Diese geleitete Meditation hilft uns, die sechs Vollkommenheiten des Geistes in uns zu entwickeln.

1. Einatmend spüre ich, wie ich einatme.
   Ausatmend spüre ich, wie ich ausatme.

2. Einatmend bin ich bereit, großzügig zu sein.
   Ausatmend gebe ich meine Zeit, Energie, mein Wissen
   und materielle Dinge an meine Umgebung weiter.

3. Einatmend bin ich bereit, andere nicht durch feind-
   seliges, herabsetzendes und verurteilendes Denken,
   Sprechen und Handeln zu verletzen.
   Ausatmend gebe ich meiner Umgebung durch mein
   Nichtverletzen in Bezug auf meine Sprache und Hand-
   lungsweisen Sicherheit.

4. Einatmend bin ich bereit, mein Herz für meine eigenen
   Schwächen und die Schwächen anderer zu öffnen.
   Ausatmend lächle ich.

5. Einatmend bin ich bereit, Bemühen und Ausdauer bei
   meiner geistigen Übung zu entwickeln (meine negativen Gewohnheitsenergien zu transformieren und heilsame zu kultivieren).
   Ausatmend gebe ich meine Ausdauer und Stabilität an
   meine Umgebung weiter.

6. Einatmend bin ich bereit, meinen Geist immer wieder
   zu meinem Atem zurückzuführen, um Konzentration
   und Ruhe zu entwickeln.
   Ausatmend gebe ich meine Konzentration und Ruhe
   des Geistes an meine Umgebung weiter.

7. Einatmend bin ich bereit, tiefes Verstehen und Einsicht
   zu entwickeln.
   Ausatmend fühle ich mich mit anderen Menschen,
   Tieren und Pflanzen verbunden.

8. Einatmend spüre ich meinen ganzen Körper.
   Ausatmend lächle ich.

Herzensweite-Meditation – Kshanti-Paramita

1. Einatmend spüre ich, wie ich einatme.
   Ausatmend spüre ich, wie ich ausatme.

2. Einatmend öffne ich mein Herz ganz weit und erkenne
   alle meine Schwächen.
   Ausatmend umarme ich alle meine schwierigen
   Gewohnheitsenergien voller Mitgefühl.

3. Einatmend bin ich mir meiner eigenen wunderbaren
   Eigenschaften bewusst, ohne darauf stolz zu werden.
   Ausatmend freue ich mich.

4. Einatmend öffne ich mein Herz ganz weit und erkenne
   alle Schwächen einer lieben Freundin, eines lieben
   Freundes.
   Ausatmend bringe ich allen schwierigen Gewohnheitsenergien meines Freundes/meiner Freundin Mitgefühl
   entgegen.

5. Einatmend bin ich mir der wunderbaren Eigenschaften
   eines lieben Freundes/einer lieben Freundin bewusst.
   Ausatmend freue ich mich.

6. Einatmend öffne ich mein Herz für die schwierigen
   Gewohnheitsenergien einer für mich neutralen Person
   (zum Beispiel Briefträger oder Verkäuferin).
   Ausatmend begegne ich dieser neutralen Person mit
   Mitgefühl.

7. Einatmend werde ich mir der guten Eigenschaften der
   für mich neutralen Person bewusst.
   Ausatmend freue ich mich.

8. Einatmend öffne ich mein Herz für die negativen
   Gewohnheitsenergien einer Person, die schwierig für
   mich ist.
   Ausatmend bringe ich dieser schwierigen Person
   Mitgefühl entgegen.

9. Einatmend werde ich mir der guten Eigenschaften
   einer Person bewusst, die schwierig für mich ist.
   Ausatmend freue ich mich.

10. Einatmend bin ich mir bewusst, dass alle Menschen
    heilsame und unheilsame Samen in ihrem Speicher-
    bewusstsein tragen.
    Ausatmend bin ich bereit, die heilsamen Samen zu
    wässern und den unheilsamen Samen voller Mitgefühl
    zu begegnen.

11. Einatmend bin ich mir der Kostbarkeit meiner geisti-
    gen Übung bewusst.
    Ausatmend lächle ich.

Die vier unermesslichen
Geisteszustände

Die vier unermesslichen Geisteszustände, traditionell auch
als vier Brahma Viharas oder vier göttlichen Verweilungen
des Geistes bezeichnet, entstehen durch die Übung der
Achtsamkeit, der Konzentration und des tiefen Verstehens.
Wir können sie aber auch ganz bewusst kultivieren, indem
wir sie durch bestimmte Sätze in der formalen Meditation
in unser Bewusstsein einladen. Durch Wiederholung werden sich die Qualitäten dieser unermesslichen Geisteszustände allmählich in unserem Alltag entfalten, und negative
Geisteszustände können sich auflösen.

Der erste dieser Geisteszustände ist die Freundlichkeit, liebende Güte für alle Wesen (*metta/maitri*). Bei der Entwicklung dieser Geistesqualität bemühen wir uns darum, allen
Wesen mit einem offenen, weiten Herzen, das niemanden
ausschließt und das Wohlergehen aller wünscht, zu begegnen. Wie es in der Lehrrede des Buddha über die Liebende
Güte (Metta Sutta) heißt, üben wir uns darin, den menschlichen und auch den Tierwesen so zu begegnen wie eine
Mutter, die sich gut um ihr einziges Kind kümmert und es
mit Fürsorge umgibt und alles tut, damit es ihm so gut wie
möglich geht.

Der ferne Feind, das heißt eine Geisteshaltung, die der liebenden Güte ganz entgegengesetzt ist, ist Zorn oder Ärger

gegenüber anderen Menschen. Ihr naher Feind, das heißt eine Geisteshaltung, die Metta ähnlich erscheint, die aber doch in eine andere, uns und anderen Leid bringende Richtung zielt, ist das Anhaften an anderen Wesen, was sich so ausdrücken kann, dass wir zum Beispiel anderen in einer Beziehung keinen Raum lassen und sie ausschließlich für uns beanspruchen und sie in allem kontrollieren wollen.

Der zweite unermessliche Geisteszustand ist Mitgefühl (*karuna*) mit dem Leiden anderer Wesen. Wir versuchen alles in unserer Macht Stehende zu tun, damit andere auf der körperlichen oder geistigen Ebene nicht oder weniger leiden. Der ferne Feind des Mitgefühls ist Grausamkeit gegenüber anderen Wesen und der nahe Mitleid, bei dem wir uns in das Leid anderer verwickeln und oft auf sie herabsehen.

Bei dem dritten unermesslichen Geisteszustand geht es um die Entwicklung von Freude (*mudita*). Dies geschieht durch unsere Übung der Entfaltung von Liebe und Mitgefühl, aber auch einfach dadurch, dass wir uns über die kleinen und großen Wunder in unserem Leben freuen. Diese Freude können wir mit anderen Menschen teilen, und wir können uns an ihrer Freude erfreuen. Mitfreude ist ein wirkungsvolles Mittel gegen Neid und Eifersucht, was wir oft empfinden, wenn andere Erfolg haben. Natürlich ist es wichtig, unseren Neid und unsere Eifersucht mit sehr viel Mitgefühl zu umarmen, damit sie sich auflösen können. Erst dann können wir uns wirklich über die Freude anderer freuen.

Der nahe Feind der Mitfreude ist Schmeichelei, wenn wir anderen Lob und Anerkennung spenden, aber gar nicht empfinden, vielleicht um sie gemäß unserer Wünsche zu manipulieren.

Der vierte unermessliche Geisteszustand ist Gleichmut, Nicht-Anhaften, Ausgeglichenheit im Geist, Unparteilichkeit, Unvoreingenommenheit (*upekkha/upeksha*).

Upeksha bedeutet, dass wir offen und nicht voreingenommen sind und zum Beispiel im Fall eines Konflikts keine Partei ergreifen, sondern versuchen, beide Seiten zu verstehen, uns in beide Seiten hineinzuversetzen. Gleichmut darf nicht mit Gleichgültigkeit verwechselt werden, einer Haltung, die sich in den Worten »Das ist mir doch egal« ausdrückt und eine Form der Aversion ist.

Alle vier Brahma Viharas sind miteinander verbunden und unterstützen sich gegenseitig. Gleichmut hilft uns zum Beispiel dabei, dass unsere Liebe zu einer bestimmten Person nicht besitzergreifend wird und dass wir uns in einer nahen Beziehung gegenseitig Freiheit geben. Gleichmut beinhaltet auch, dass wir anderen Menschen, die sich uns gegenüber verletzend verhalten, trotzdem verständnisvoll und freundlich begegnen, weil wir sehen, dass sie aus Unwissenheit heraus handeln.

Diese geleitete Meditation hilft uns, liebende Güte, Mitgefühl, Freude und Gleichmut in uns selbst und in Bezug auf andere Wesen zu nähren.

1. Einatmend weiß ich, dass ich einatme.
   Ausatmend weiß ich, dass ich ausatme.

2. Einatmend bin ich bereit, mich selbst mit den Augen des Verstehens und der Liebe anzuschauen.
   Ausatmend bin ich bereit, andere Wesen mit den Augen des Verstehens und der Liebe anzuschauen.

3. Einatmend bin ich bereit, mir selbst, meinen körperlichen und geistigen Schmerzen voller Mitgefühl zu begegnen.
Ausatmend bin ich bereit, den Schmerzen anderer Wesen voller Mitgefühl zu begegnen.

4. Einatmend bin ich bereit, die Samen der Freude und des Glücks in mir jeden Tag zu nähren.
Ausatmend bin ich bereit, die Samen der Freude und des Glücks in anderen Wesen jeden Tag zu nähren und Freude an ihrer Freude zu entwickeln.

5. Einatmend bin ich bereit, Anhaftung und Abneigung gegenüber anderen Wesen zu erkennen und loszulassen, ohne gleichgültig zu werden.
Ausatmend bin ich bereit, Unvoreingenommenheit, Unparteilichkeit und tiefes Verstehen für alle Wesen zu entwickeln.

6. Einatmend bin ich bereit, frisch, gefestigt und frei zu leben.
Ausatmend bin ich bereit, Frische, Stabilität und Freiheit in anderen zu nähren.

7. Einatmend bin ich mir der Kostbarkeit meiner geistigen Übung bewusst.
Ausatmend lächle ich.

Liebende-Güte-Meditation

Der Buddha hat die Lehrrede von der liebenden Güte vor Mönchen und Nonnen gehalten, die im Wald Meditation übten und dabei von Furcht einflößenden Waldgeistern heimgesucht wurden, sodass sie nicht in Ruhe meditieren konnten. Die Liebende-Güte-Meditation ist also *die* Übung, durch die wir Ängste, Ärger, Rachsucht und alle anderen negativen Gefühle in Bezug auf andere Wesen auflösen können.

Es ist eine sehr kraftvolle Übung, allumfassende Güte für alle Wesen ohne Einschränkung zu entwickeln, ungeachtet ihrer sozialen Herkunft, ob sie arm oder reich sind, sauber oder schmutzig, gut oder schlecht riechen, ob sie braune, weiße oder gelbe Haut oder Haarfarbe haben, ob es Frauen oder Männer sind, ob sie jung oder alt sind, groß oder klein, auf der Erde gehen, im Wasser schwimmen oder in der Luft schweben, das heißt, auch die Tiere sind darin eingeschlossen. Große innere Ruhe und Stabilität brauchen wir, damit wir dieses tiefe Verstehen entwickeln können, das zu einer solchen bedingungslosen Liebe führt.

Wir müssen unser Herz sehr weit öffnen, damit all die Wesen dort ihren Platz finden.

Diese Übung hört nie auf, solange wir leben; sie hilft uns, tiefe Verbundenheit mit allem Leben, auch mit den Tieren, Pflanzen und Mineralien, herzustellen.

Eine Frucht dieser Übung ist, dass wir uns nie mehr alleine fühlen, denn es gibt ja so unendlich viele Wesen, die den Planeten bevölkern und mit denen wir uns verbunden fühlen und zu deren Glück wir beitragen können.

Rosa Luxemburg, die bekannte Sozialistin zu Beginn des 20. Jahrhunderts, beschreibt in ihren »Briefen aus dem Gefängnis«, wie sie sich über alle möglichen Tiere freut, die sie im Gefängnis besuchen: über einen Schmetterling oder einen Vogel oder eine Ameise, die auf dem Fenstersims herumkrabbelt:

»Vormittags fand ich im Baderaum am Fenster ein großes Pfauenauge (einen Schmetterling). Es war wohl schon einige Tage drin ... und gab nur noch schwache Lebenszeichen mit den Flügeln. Als ich es bemerkte ... kletterte ich aufs Fenster und nahm es behutsam in die Hände – es

wehrte sich nicht mehr, und ich dachte, es sei wohl schon tot. Ich setzte es bei mir aufs Gesims vor dem Fenster ... es blieb still sitzen, dann legte ich ihm vor die Fühler ein paar offene Blüten, damit es was zu essen habe ... nach einer halben Stunde erholte sich das Tierchen, rutschte erst ein bisschen hin und her und flog endlich langsam fort. Wie freute ich mich über diese Rettung!«

In der klassischen Form dieser Übung fangen wir immer bei uns selbst an, mit der Bereitschaft, uns Verstehen und Liebe entgegenzubringen, dann weiten wir unsere Liebe auf eine/n gute/n Freund/in aus oder eine/n Wohltäter/in, dann kommt eine für uns neutrale Person, dann eine für uns schwierige Person (am Anfang unserer Übung sollten wir uns nicht *die* schwierigste vornehmen), dann bringen wir allen Wesen unser Verstehen und unsere Liebe entgegen.

Diese geleitete Meditation hilft uns, liebende Güte für uns selbst und andere Wesen zu entwickeln.

1. Einatmend spüre ich, wie ich einatme.
   Ausatmend spüre ich, wie ich ausatme.

2. Einatmend bin ich bereit, mich selbst mit den Augen des Verstehens und der Liebe anzuschauen.
   Ausatmend bin ich bereit, mich selbst mit den Augen des Verstehens und der Liebe anzuschauen.

3. Einatmend bin ich bereit, eine/n nahe/n Freund/in mit den Augen des Verstehens und der Liebe anzuschauen.
   Ausatmend bin ich bereit, eine/n nahe/n Freund/in mit den Augen des Verstehens und der Liebe anzuschauen.

4. Einatmend bin ich bereit, eine für mich neutrale Person (zum Beispiel Briefträger, Verkäuferin, Handwerker) mit den Augen des Verstehens und der Liebe anzuschauen.
Ausatmend bin ich bereit, eine neutrale Person mit den Augen des Verstehens und der Liebe anzuschauen.

5. Einatmend bin ich bereit, eine für mich schwierige Person mit den Augen des Verstehens und der Liebe anzuschauen.
Ausatmend bin ich bereit, eine schwierige Person mit den Augen des Verstehens und der Liebe anzuschauen.

6. Einatmend bin ich bereit, alle hier im Raum/Haus mit den Augen des Verstehens und der Liebe anzuschauen.
Ausatmend bin ich bereit, alle hier im Raum/Haus mit den Augen des Verstehens und der Liebe anzuschauen.

7. Einatmend bin ich bereit, alle, die mit mir im Bus oder in der U-Bahn fahren, mit den Augen des Verstehens und der Liebe anzuschauen.
Ausatmend bin ich bereit, alle, die mit mir im Bus oder in der U-Bahn fahren, mit den Augen des Verstehens und der Liebe anzuschauen.

8. Einatmend bin ich bereit, alle Wesen, auch die Tiere, mit den Augen des Verstehens und der Liebe anzuschauen.
Ausatmend bin ich bereit, alle Wesen, auch die Tiere, mit den Augen des Verstehens und der Liebe anzuschauen.

9. Einatmend bin ich mir der Kostbarkeit meiner geistigen
   Übung bewusst.
   Ausatmend lächle ich.

Geleitete Metta-Meditation

1. Einatmend weiß ich, dass ich einatme.
   Ausatmend weiß ich, dass ich ausatme.

2. Möge ich friedvoll, glücklich und leicht in Körper und
   Geist sein.
   Mögen alle Wesen friedvoll, glücklich und leicht in
   Körper und Geist sein.

3. Möge ich sicher und beschützt sein.
   Mögen alle Wesen sicher und beschützt sein.

4. Möge ich lernen, mich selbst mit den Augen des
   Verstehens und der Liebe anzuschauen.
   Möge ich lernen, alle Wesen mit den Augen des
   Verstehens und der Liebe anzuschauen.

5. Möge ich die Samen der Freude in mir jeden Tag nähren.
   Mögen ich in allen Wesen die Samen der Freude jeden
   Tag nähren.

6. Möge ich frisch, gefestigt und frei sein.
   Mögen alle Wesen frisch, gefestigt und frei sein.

7. Einatmend weiß ich, dass ich einatme.
   Ausatmend weiß ich, dass ich ausatme.

Uns für unseren Schmerz und den in der Welt öffnen

Oft reagieren wir mit Abwehr und Widerstand, wenn wir körperliche oder geistige Schmerzen und Schwächen bei uns selbst und bei anderen wahrnehmen. Dadurch werden diese Schmerzen meist noch größer und intensiver.

Wenn wir Schmerzen hingegen mit Offenheit, in einer Haltung des Zulassens und des Mitgefühls begegnen, können sie sich manchmal sogar auflösen oder werden zumindest nicht stärker.

Wir können mit den Schmerzen atmen, wir können sie im Geiste ganz liebevoll in die Arme nehmen. Bei einer chronischen Krankheit können Schmerzen uns unter Umständen das ganze Leben lang begleiten. Dann ist es enorm wichtig, dass wir lernen, mit diesem Bestandteil unseres Lebens gütig und liebevoll umzugehen, damit unser Geist trotzdem gelassen und frei von Leiden sein kann. Im Buddhismus heißt es: »Schmerzen sind unvermeidlich, aber ob daraus Leiden entsteht, hat mit unserem Umgang mit den Schmerzen zu tun.« (»Pain is unavoidable, suffering is optional.«)

Wenn wir lernen, mit unseren eigenen körperlichen und geistigen Schmerzen mitfühlend umzugehen und sie liebevoll zu umarmen, werden wir auch eher imstande sein, den Schmerzen anderer Wesen, den menschlichen, aber auch den Tierwesen, mit Mitgefühl zu begegnen. Und wir werden bereit sein, alles zu unternehmen, um ihre Schmerzen lindern zu helfen.

Die bekannte amerikanische Tiefenökologin Joanna Macy sagte einmal: »Unser Herz muss uns wieder und wieder brechen, bis es frei ist.«

Wenn wir Zeitungen oder Bücher lesen oder Fernsehen schauen, gibt es so vieles, was uns unser Herz bricht: Kleine Kinder, vor allem Mädchen, die sexuell missbraucht, geschlagen und in Bordelle verkauft werden; Menschen, die sich aufgrund von Naturkatastrophen oder Kriegen in unerträglichen Situationen befinden; Menschen, die verfolgt, gefoltert und getötet werden, weil sie sich für soziale Gerechtigkeit und Menschenrechte einsetzen; Tiere, die auf engstem Raum gehalten und misshandelt, geschlachtet oder bei Tierversuchen missbraucht werden.

Wir können sagen: »Unser Herz muss so weit werden, damit alle Wesen, die leiden, ein Plätzchen darin finden …«, und wir schicken all diesen Wesen unser Mitgefühl.

Es gibt viele Zentren und Hilfsprojekte, bei denen wir uns auf unterschiedliche Art und Weise, je nach unseren Kräften, engagieren können. Am besten ist es, in der Familie oder bei Freundinnen und Freunden oder in der Nachbarschaft damit anzufangen. Helfen tut uns selbst gut, bringt uns mit unserem inneren Reichtum in Kontakt, hilft uns, unsere Energie in die Welt hineinfließen zu lassen und die Verbundenheit mit dem ganzen Universum zu erfahren.

Wir hören dann auf, uns selbst als isoliertes, abgetrenntes Wesen zu begreifen, und das allein kann uns manchmal schon vor der nächsten Depression, vor der nächsten Angst oder Panikattacke oder vor Gefühlen tiefer Sinnlosigkeit retten.

Wenn unser Mitgefühl nicht nur ein theoretisches ist, sondern sich immer mehr auch in sinnvollem und geschicktem Handeln ausdrückt und auf einem tiefem Verstehen der ganzen Situation beruht, können wir ein erfülltes Leben führen und uns an den vielen Begegnungen mit anderen Wesen, von denen wir viel lernen können, erfreuen.

Es ist wichtig, dass Mitgefühl mit tiefem Verstehen oder Einsicht einhergeht, damit es wirklich hilfreich und allumfassend wird.

Stephen Levine, ein spiritueller Lehrer aus den USA, der viel mit Sterbenden und chronisch kranken Menschen gearbeitet hat, drückt das so aus:

»Die tiefste Heilung kann nicht allein in der Getrenntheit stattfinden. Sie muss zum Ganzen beitragen, zu dem Schmerz, den wir alle teilen. Wenn wir sehen, dass es nicht nur mein Schmerz ist, sondern *der* Schmerz, ist es möglich, dass der Kreis des Heilens universal wird.«

Ein wunderbares Beispiel für dieses tiefe Verstehen und allumfassende Mitgefühl sind für mich Thich Nhat Hanh und Schwester Chan Khong, die nach dem Vietnamkrieg in den USA Retreats für amerikanische Kriegsveteranen abhielten, also für Menschen, die ihrem Heimatland so viel Leiden gebracht hatten.

In diesen Retreats konnten die ehemaligen Soldaten über ihr tiefes Leiden sprechen, konnten die Anteilnahme der anderen spüren, die ihnen zuhörten, und konnten durch die Anleitungen zur Sitz-, Geh- und Metta-Meditation wieder mehr Stabilität in ihr Leben bringen. Das half ihnen, ihre Ängste, ihre Scham, ihre Schuldgefühle, ihre Verzweiflung und ihre Wut zu transformieren.

Diese geleitete Meditation hilft uns, uns für unseren eigenen Schmerz und für den Schmerz in der Welt zu öffnen und ihn voller Mitgefühl zu umarmen.

1. Einatmend spüre ich, wie ich einatme.
   Ausatmend spüre ich, wie ich ausatme.

2. Jede Einatmung bringt mir Frische.
   Jede Ausatmung bringt mir Gelassenheit.

3. Einatmend bin ich bereit, meine körperlichen und geistigen Schmerzen und Schwächen (zum Beispiel Kopfschmerzen, Verzweiflung, Ärger, Scham, Ängste) voller Mitgefühl zu umarmen.
   Ausatmend bin ich bereit, meine körperlichen und geistigen Schmerzen und Schwächen (zum Beispiel Kopfschmerzen, Verzweiflung, Ärger, Scham, Ängste) voller Mitgefühl zu umarmen.

4. Einatmend bin ich bereit, den körperlichen und geistigen Schmerzen und Schwächen einer/s lieben Freundin/Freundes voller Mitgefühl zu begegnen.
   Ausatmend bin ich bereit, den körperlichen und geistigen Schmerzen und Schwächen einer/s lieben Freundin/Freundes voller Mitgefühl zu begegnen.

5. Einatmend bin ich bereit, den körperlichen und geistigen Schmerzen und Schwächen einer für mich neutralen Person (zum Beispiel Briefträger, Verkäuferin) voller Mitgefühl zu begegnen.

Ausatmend bin ich bereit, den körperlichen und geistigen Schmerzen und Schwächen einer für mich neutralen Person (zum Beispiel Briefträger, Verkäuferin) voller Mitgefühl zu begegnen.

6. Einatmend bin ich bereit, den körperlichen und geistigen Schmerzen einer für mich schwierigen Person voller Mitgefühl zu begegnen.
Ausatmend bin ich bereit, den körperlichen und geistigen Schmerzen einer für mich schwierigen Person voller Mitgefühl zu begegnen.

7. Einatmend bin ich bereit, den körperlichen und geistigen Schmerzen der Menschen hier im Raum voller Mitgefühl zu begegnen.
Ausatmend bin ich bereit, den körperlichen und geistigen Schmerzen der Menschen hier im Raum voller Mitgefühl zu begegnen.

8. Einatmend bin ich bereit, den körperlichen und geistigen Schmerzen und Schwächen aller Wesen, den menschlichen und den Tierwesen, voller Mitgefühl zu begegnen.
Ausatmend bin ich bereit, den körperlichen und geistigen Schmerzen und Schwächen aller Wesen, den menschlichen und den Tierwesen, voller Mitgefühl zu begegnen.

9. Einatmend bin ich bereit, mein Herz für den Schmerz in mir zu öffnen.
Ausatmend bin ich bereit, mein Herz für den Schmerz in der Welt zu öffnen.

10. Einatmend bin ich mir der Kostbarkeit meiner
    geistigen Übung bewusst.
    Ausatmend lächle ich.

Die Samen der Freude und des Glücks
jeden Tag erkennen und nähren

In der Metta-Meditation, der Meditation, bei der wir mit bestimmten Sätzen die Entwicklung einer Liebe üben, die uns selbst und alle Wesen einschließt, gibt es zwei Sätze, die uns darauf hinweisen, die Samen der Freude und des Glücks zu erkennen, zu berühren und zu nähren – und zwar nicht nur ab und zu, sondern jeden Tag. Das ist für viele von uns ein hoher Anspruch.

Es ist wichtig, uns immer wieder daran zu erinnern, dass unsere Wahrnehmungsbrille meist sehr eingeschränkt ist und wir deshalb die kleinen und großen Freuden des Lebens oft gar nicht erkennen. Unsere Gewohnheitsenergien führen dazu, dass unser Geist sich immer wieder bei bestimmten Situationen in leidvollen Gefühlen der Minderwertigkeit, der Verzweiflung, des Ärgers, der Eifersucht, der Sorgen oder depressiven Verstimmtheit badet und wir ganz vergessen, dass wir Buddhanatur in uns tragen.

Unsere Übung besteht darin, uns an die Eigenschaften des erwachten Geistes zu erinnern und uns klar zu machen, dass wir alle die Samen der Freude und des Glücks in unserem Speicherbewusstsein haben und jederzeit über die Möglichkeit verfügen, uns auf diese wunderbaren Samen zu beziehen und sie zum Blühen zu bringen.

Wir können unseren Geist ganz bewusst darauf ausrichten, die freudvollen Dinge in unserem Leben wahrzunehmen:

die Sonne, die mein Gesicht im Frühling erwärmt; die zärtliche Berührung der Fliege, die über meinen Arm krabbelt; das gute Essen, das mir eine Freundin bereitet hat; der Klang der Regentropfen; das Brausen des Herbstwindes; die Stille in einer weißen Winternacht; mein neugieriger kleiner Hund, der voller Interesse jeden Busch oder Baum nach guten Gerüchen erforscht; oder die Freude, wenn wir etwas wiedergefunden haben, was wir verloren hatten: einen Ring, der uns an einen lieben Menschen erinnert, ein Buch, einen Schlüssel, den wir verlegt hatten – oder etwas auf der gesundheitlichen Ebene:

Am Morgen nach meiner Augenoperation gehe ich ins Bad, schaue zu meinen Füßen hinunter und sehe ganz deutlich alle Zehen. Welche Freude! … und ich denke: »Lauter nette kleine Zehen!«

Wir können uns auch der Freuden bewusst werden, die durch unsere geistige Übung entstehen, zum Beispiel, wenn unser Geist ganz ruhig, konzentriert und klar wird, nachdem wir ihn immer wieder zur Atembewegung oder zu unseren Schritten oder anderen alltäglichen körperlichen Vorgängen zurückgeführt haben. Wir können auch an die Freude denken, die entsteht, wenn wir durch unsere Übung schwierige Gefühle, verurteilendes Sprechen oder unheilsames Handeln umwandeln konnten und wieder frei davon sind:

Wir sind gerade dabei, verurteilende Gedanken über eine bestimmte Person zu denken, bemerken diese Geisteshaltung, halten inne und wissen, dass uns das nicht gut tut; wir rufen uns sofort alle ihre guten Eigenschaften ins Gedächtnis und freuen uns, dass wir unsere eingeschränkte Wahrnehmung über die betreffende Person losgelassen haben.

Wir können uns auch über die Einsicht freuen, die aus unserer Übung erwächst, wenn wir zum Beispiel auf tiefe Art und Weise die Vergänglichkeit oder das Verbundensein aller Erscheinungsformen erkennen und erleben.

An manchen Tagen können wir uns vornehmen, nur mit den ersten beiden Sätzen der Freude-Meditation zu üben, um uns selbst richtig gut zu nähren; an anderen Tagen möchten wir vielleicht mit allen Sätzen üben, um andere Wesen einzubeziehen.

Durch die Wiederholung der Worte – während wir dabei die Atembewegung in uns spüren – können sich die wunderbaren Qualitäten dieser Worte in all unseren Zellen ausbreiten. Erinnern wir uns daran, dass jede Zelle Bewusstsein hat! Das hilft uns, Vertrauen in diese Übung zu entwickeln.

Im Alltag können wir diese Eigenschaften dann in konkreten Situationen mit Leben erfüllen und verwirklichen. Je mehr wir diese Qualitäten der Buddhanatur in uns kultivieren, desto mehr Freude und Glück entstehen in unserem Leben, die wir dann mit anderen Wesen teilen können, denen es vielleicht gerade nicht so gut geht und die unsere Unterstützung durch tröstende, ermutigende Worte und Handlungen brauchen.

Diese geleitete Meditation hilft uns, jeden Tag die Samen der Freude und des Glücks in uns und anderen Wesen zu erkennen und zu nähren.

1. Einatmend spüre ich, wie ich einatme.
   ausatmend spüre ich, wie ich ausatme.

2. Einatmend bin ich bereit, die Samen der Freude und
   des Glücks jeden Tag in mir zu erkennen und zu
   nähren.
   Ausatmend bin ich bereit, die Samen der Freude und
   des Glücks jeden Tag in mir zu erkennen und zu nähren.

3. Einatmend bin ich bereit, die Samen der Freude und
   Glücks in einem/r Freund/in zu erkennen und zu
   nähren.
   Ausatmend bin ich bereit, die Samen der Freude und
   Glücks in einem/r Freund/in zu erkennen und zu
   nähren.

4. Einatmend bin ich bereit, die Samen der Freude und
   des Glücks in einer für mich neutralen Person
   (zum Beispiel Verkäuferin, Briefträger, Handwerker)
   zu erkennen und zu nähren.
   Ausatmend bin ich bereit, die Samen der Freude und
   des Glücks in einer für mich neutralen Person
   (zum Beispiel Verkäuferin, Briefträger, Handwerker)
   zu erkennen und zu nähren.

5. Einatmend bin ich bereit, die Samen der Freude und
   des Glücks in einer für mich schwierigen Person zu
   erkennen und zu nähren (am Anfang der Metta-Übung
   sollte man nicht die allerschwierigste Person, sondern
   eine »leichte« schwierige Person nehmen).
   Ausatmend bin ich bereit, die Samen der Freude und
   des Glücks in einer für mich schwierigen Person zu
   erkennen und zu nähren.

6. Einatmend bin ich bereit, die Samen der Freude und des Glücks in allen Menschen, mit denen ich gerade U-Bahn fahre oder diesen Raum/dieses Haus teile, zu erkennen und zu nähren.
Ausatmend bin ich bereit, die Samen der Freude und des Glücks in allen Menschen in der U-Bahn oder in diesem Raum/Haus zu erkennen und zu nähren.

7. Einatmend bin ich bereit, die Samen der Freude und des Glücks in allen Wesen, auch den Tieren, zu erkennen und zu nähren.
Ausatmend bin ich bereit die Samen der Freude und des Glücks in allen Wesen, auch den Tieren, zu erkennen und zu nähren.

8. Einatmend bin ich mir der Kostbarkeit meiner geistigen Übung bewusst.
Ausatmend lächle ich.

Eine Kommunikation der Wertschätzung – der Neubeginn

Heilsame Formen des Umgangs und der Kommunikation miteinander wurden den meisten von uns nicht in die Wiege gelegt, und viele von uns haben in ihrer Kindheit, Jugend und im Erwachsenenleben schmerzhafte, verletzende und wenig wertschätzende Beziehungen erlebt.

Oft sehen wir auch bei uns selbst oder anderen vorwiegend das Negative, das Schwierige, das heißt die Verhaltensweisen oder Eigenschaften, »mit denen wir nicht zurechtkommen«.

Die von Thich Nhat Hanh und der Plum Village-Sangha entwickelte Übung des Neubeginns ist das Herz einer heilsamen Form der Kommunikation, bei der das Miteinander in Beziehungen auf eine konstruktive Art und Weise angegangen wird.

Sie gibt uns hilfreiche Methoden an die Hand, um stabile Beziehungen entstehen zu lassen und mit den Herausforderungen und Stürmen, die in Beziehungen immer wieder auftauchen, auf geschickte und für alle Beteiligten heilende und sinnvolle Art und Weise umzugehen.

Die Übung des Neubeginns unterstützt uns darin, uns von der Getrenntheit weg hin zum Erleben der Verbundenheit, die unsere wahre Natur ist, zu bewegen. Sie hilft uns, achtsam und liebevoll miteinander zu kommunizieren. Wir können so unsere Buddha-Qualitäten in Bezug auf andere und zusammen mit anderen erkennen und in uns selbst und anderen kräftig fördern.

Durch die Übung des Neubeginns werden wir auch mehr und mehr unserer eigenen guten Eigenschaften in unserem Speicherbewusstsein bewusst und erinnern uns daran, dass andere Menschen diese genauso in sich tragen wie wir selbst.

Wir können diese Übung des Neubeginns mit einer Person oder in einer Gruppe durchführen, mit einem Familienmitglied (Schwester, Bruder, Mutter, Vater, Tochter oder Sohn), einem Partner, einer Partnerin, Freund/in oder mit Arbeitskollegen, Mitarbeiterinnen, Mitgliedern unserer spirituellen Gruppe oder Menschen, mit denen wir in sonstigen Zusammenhängen zu tun und immer wieder auch Schwierigkeiten haben.

Am besten funktioniert diese Übung des Neubeginns, wenn wir sie zumindest anfangs regelmäßig praktizieren. Wir können uns zum Beispiel mindestens zweimal im Monat mit unserer Partnerin, unserem Partner, einer nahen Freundin oder einem Freund, einer Arbeitskollegin usw. dazu verabreden. Beide Seiten bringen die Bereitschaft mit, eine gute Kommunikation miteinander zu entwickeln.

Der erste Teil der Übung besteht darin, die guten Eigenschaften der anderen Person anzusprechen, ohne ihr zu schmeicheln oder diese Eigenschaften zu übertreiben. Das wird »Blumen gießen« genannt.

Wir setzen uns einander gegenüber, zwischen uns steht auf dem Tisch ein schöner Blumenstrauß, und wir wollen jetzt die Blumen in der anderen Person gießen, das bedeutet, dass wir ihr erzählen, welche positiven Dinge wir in der letzten Woche oder im letzten Monat an ihr wahrgenommen haben:

»Ich war so froh, dass du vor einer Woche die Küche aufgeräumt hast und alles gespült war, als ich so erschöpft nach Hause kam …«

Die Früchte dieser Übung, das Positive bei der anderen Person zu sehen und auszusprechen, sind oft sehr erstaunlich, denn durch die regelmäßige Praxis beginnt sich unsere Wahrnehmung in Bezug auf die andere Person vollkommen zu verändern. Statt bei ihr an allem herumzukritisieren, wie wir es vielleicht vorher getan haben, sehen wir uns nun als Forschende, die die ganze Woche darauf aus sind, möglichst viele positive Eigenschaften bei ihr zu entdecken, denn sonst sitzen wir bei unserem Treffen da und uns fällt vielleicht nichts ein. Das könnte für uns peinlich sein, weil es bedeutet, dass unsere Wahrnehmung sehr eingeschränkt ist.

Wir können diese erste Ebene des Neubeginns, nur das Positive in der anderen Person anzusprechen, gerade in einer schwierigen Beziehung monatelang üben, um unsere Wertschätzung füreinander auf eine starke Basis zu stellen.

Ich habe das einmal über einige Monate jede Woche zusammen mit einer Freundin geübt, und für uns beide war es ein großer Segen. Wir kamen aus recht unterschiedlichen Welten, wohnten und arbeiteten aber zusammen, und so war es einfach wichtig, dass wir miteinander auskamen. Die üblichen Aussprachen, bei denen wir uns all das mitgeteilt hätten, was im Miteinander nicht funktioniert, hätten vielleicht zum Abbruch der Beziehung geführt, so aber trat das Gegenteil ein: Wir freuten uns auf unseren »Blumen gießen«-Abend und suchten und entdeckten die vielen kleinen und großen Schönheiten bei der anderen und sprachen sie aus.

Schon dieser erste Teil der Übung des Neubeginns kann zur tiefen Heilung einer zerrütteten Beziehung führen.

Bei der zweiten Ebene des Neubeginns geht es darum, der anderen Person unsere eigenen Fehler in unserem Verhalten oder unserem Reden einzugestehen. Wir entschuldigen uns für etwas, was wir gesagt oder getan haben oder auch nicht gesagt und nicht getan haben, wodurch die andere Person sich vielleicht verletzt gefühlt hat.

»Es tut mir leid, dass ich dich mit meiner verurteilenden Bemerkung verletzt habe. Mir wurde nachher erst klar, dass diese Situation für dich nicht einfach war.«

Bei der dritten Ebene des Neubeginns bemühen wir uns darum, der anderen Person ein Schuldbewusstsein zu nehmen, das sie vielleicht entwickelt haben könnte, weil es uns längere Zeit aufgrund von bestimmten Umständen nicht so gut gegangen ist.

Beispiel: Wir haben erfahren, dass wir eine schwere Krankheit haben oder bald arbeitslos sein werden oder eine uns nahestehende Person Pflege braucht oder bald stirbt. In dieser Situation sind wir vielleicht angespannt; und es ist gut, dies der uns nahestehenden Person zu vermitteln, damit sie nicht denkt, unser »Nicht-Gutgehen« sei durch sie verursacht, und vielleicht deswegen ein schlechtes Gewissen hat.

»Wenn ich in letzter Zeit manchmal traurig war oder mich zurückgezogen habe, beziehe das bitte nicht auf dich und dein Verhalten. Es ist einfach schwierig für mich, mit dieser Situation umzugehen.«

Bei der vierten Ebene des Neubeginns geht es darum, eigene Verletztheiten auszudrücken.

Wenn wir einem anderen Menschen unsere Verletztheit mitteilen, sollte dies auf eine ruhige Art und Weise geschehen, die nicht übertrieben, vorwurfsvoll, anklagend oder aussichtslos klingt, denn es geht um eine Heilung von Beziehungen und nicht um Hoffnungslosigkeit und das Abbrechen von Beziehungen.

Wenn wir unsere Verletztheit mitteilen, tun wir das auch erst dann, wenn wir durch unsere Übung der Sitz- und Gehmeditation innerlich zur Ruhe gekommen sind.

Die andere Person sitzt da und hört nur zu, auch wenn wir etwas sagen, was auf einer falschen Wahrnehmung unsererseits beruht. Wir können unter Umständen noch ein weiteres Treffen vereinbaren, an dem dann die andere Person spricht und ihre Sicht darstellt.

Wir können auch jemand Drittes hinzuziehen, der uns durch seine Anwesenheit hilft, freundlich und achtsam zu bleiben.

Diese geleitete Meditation hilft uns, Wertschätzung, Vergebung, Mitgefühl und Wahrhaftigkeit in unseren Beziehungen zu entwickeln.[2]

1. Einatmend spüre ich, wie ich einatme.
   Ausatmend spüre ich, wie ich ausatme.

---

2 In der Plum Village-Tradition wurde ein sogenannter Friedensvertrag entwickelt als weitere Unterstützung, heilsam mit Schwierigkeiten in einer Beziehung umzugehen. Siehe Thich Nhat Hanh, *Alles, was du tun kannst, für dein Glück*, Freiburg: Herder 2010.

2. Einatmend sehe ich die Blumen in mir – alle meine
   guten Eigenschaften.
   Ausatmend bin ich bereit, die Blumen in meinem/r
   Freund/in, Arbeitskollege/in, einem Familienmitglied
   zu erkennen – alle seine/ihre guten Eigenschaften.

3. Einatmend bin ich bereit, viele Beispiele für die guten
   Eigenschaften meiner Freundin, meines Kollegen,
   eines Familienmitglieds zu erkennen und zu benennen.
   Ausatmend spüre ich die Freude meines Freundes,
   meiner Kollegin, eines Familienmitglieds über meine
   wertschätzenden Worte.

4. Einatmend bin ich bereit, Worte oder Handlungen,
   durch die ich eine andere Person verletzt habe, zu
   erkennen und zu benennen.
   Ausatmend bin ich bereit, mich dafür bei ihr zu
   entschuldigen.

5. Einatmend erzähle ich meinem Partner, einer Freundin
   von einer schwierigen Situation, in der ich mich gerade
   befinde.
   Ausatmend bitte ich ihn, sie, meine Verzweiflung oder
   meinen Stress nicht auf sein, ihr Verhalten zu beziehen.

6. Einatmend ist mir bewusst, wenn ich mich durch ver-
   bale Äußerungen oder Handlungsweisen einer
   anderen Person verletzt fühle.
   Ausatmend bin ich bereit, meinen Geist durch Sitz-
   oder Gehmeditation zu beruhigen.

7. Einatmend bitte ich eine Freundin, einen Kollegen, ein Familienmitglied um ein Gespräch.
Ausatmend möchte ich meine Verletzung auf eine ruhige und freundliche Art und Weise mitteilen – ohne die andere Person zu beschuldigen und ihr Vorwürfe zu machen.

8. Einatmend spüre ich meine Freude an einer Kommunikation in Wohlwollen, Wahrhaftigkeit und Wertschätzung.
Ausatmend lächle ich.

Tiere sind fühlende Wesen wie wir

Bei dieser geleiteten Meditation geht es darum, dass wir mit den Tieren in Kontakt kommen und sie als Lebewesen wahrnehmen, die genauso wie wir Menschen Freude und Glück erleben, körperliche Schmerzen haben und leidhafte Gefühle haben.

Wir nehmen uns vor, sie als unsere Freunde*innen zu sehen und sie so wenig wie möglich durch unsere Art des Konsums oder unser Verhalten zu verletzen und zu ihrer Tötung beizutragen.

Wir nehmen uns vor, alles zu tun, damit sie glücklich sind.

Bitte wählt euch nicht nur euer Haustier aus, das ihr umsorgt und liebt, sondern auch ein Tier, das von uns Menschen als »Nutztier« bezeichnet und gehalten wird, das heißt, wir essen sein Fleisch oder konsumieren seine Produkte wie Milch, Käse, Joghurt, kleiden uns mit seinem Fell und so weiter.

Es ist wichtig sowohl mit der Zärtlichkeit, Lebendigkeit und Schönheit der Tiere in Kontakt zu kommen als auch mit dem großen Leiden, das sie durch unsere menschliche Dominanz und unsere Art des Konsumierens erfahren.

Beides motiviert uns, die uralten Gewohnheitsenergien des Denkens und Verhaltens, die Leiden bei den Tieren verursachen, zu erkennen und sie nicht weiterzuführen, so gut wir das können.

Wir sind bereit, uns immer mehr lediglich als eine Spezies unter vielen Spezies auf diesem wunderbaren Planeten Mutter Erde zu sehen.

(Als Meditationsleiter*in können wir auch vor der folgenden Meditation Bilder von Kühen, Schafen, Schweinen, Hühnern, Gänsen, Rehen herumgehen lassen, damit die Teilnehmenden sich die Tiere besser vorstellen können.)

1. Einatmend spüre ich, wie ich einatme.
   Ausatmend spüre ich, wie ich ausatme.

2. Einatmend bin ich mir meiner eigenen Lebendigkeit bewusst und spüre, wie sich mein ganzer Körper ausdehnt.
   Ausatmend spüre ich wie sich mein ganzer Körper zusammenzieht und lächle ihm zu.

3. Mit der Einatmung stelle ich mir ein Tier auf einem Lebenshof für die Tiere vor – Kuh oder Schaf, wie es auf der Wiese friedlich grast.
   Mit der Ausatmung freue ich mich über die Freiheit, den Schutz und die Liebe, die dieses Tier auf dem Lebenshof genießt.

4. Mit der Einatmung frage ich mich: Was kann ich dazu beitragen, damit dieses Tier und andere Tiere sich wohlfühlen und glücklich sind?
   Mit der Ausatmung lächle ich allen Tierwesen zu.

5. Mit der Ein und Ausatmung stelle ich mir ein Tier vor (Kuh, Schaf, Huhn, Schwein, Gans, Reh) und erfreue mich an seiner Lebendigkeit.

6. Mit der Ein und Ausatmung wird mir bewusst, dass dieses Tier genauso wie ich sehen, hören, riechen, schmecken und spüren kann.

7. Mit der Einatmung wird mir bewusst, dass dieses Lebewesen genauso wie ich körperliche Schmerzen hat und nicht verletzt oder getötet werden möchte. Mit der Ausatmung möchte ich alles unterlassen, was zu diesen Schmerzen oder Verletzungen oder zum Tod dieses Lebewesens beiträgt.

8. Mit der Einatmung wird mir bewusst, dass dieses Lebewesen genauso wie ich Gefühle hat: Angst vor dem Verletzt- und Getötetwerden, Freude, Eifersucht, Ärger, Neugier, Liebe und Mitgefühl. Mit der Ausatmung frage ich mich, wie kann ich durch meine Art des Konsums dazu beitragen, dass dieses Tier und andere Tiere nicht leiden müssen oder von uns Menschen getötet werden?

9. Mit der Einatmung erfreue ich mich an meiner eigenen Lebendigkeit Mit der Ausatmung erfreue ich mich an der Lebendigkeit aller Arten von Lebewesen, die mit mir diesen Planeten teilen.

10. Mit der Einatmung bin ich mir der Kostbarkeit meiner Übung des Nicht-Verletzens anderer Lebewesen bewusst. Mit der Ausatmung lächle ich.

11. Einatmend spüre ich, wie ich einatme. Ausatmend spüre ich, wie ich ausatme.

Vertrauen, Bemühen, Achtsamkeit, Konzentration und tiefes Verstehen – die fünf geistigen Kräfte entwickeln

Die fünf geistigen Fähigkeiten (*indryias*) zu geistigen Kräften (*balas*) zu entwickeln heißt, die Buddhanatur in uns immer wieder zu entdecken und in der Welt zu manifestieren.

Alle fünf geistigen Fähigkeiten sind miteinander verbunden und unterstützen sich gegenseitig in ihrer Entwicklung: Vertrauen brauchen wir, um uns auf eine geistige Übung überhaupt einzulassen.

Stetes Bemühen, uns in der Übung weiterzuentwickeln, benötigen wir, um Leiden zu transformieren und zu erkennen, was Glück oder Wohlsein fördert.

Achtsamkeit bedarf es, um genau wahrzunehmen, was in diesem Augenblick in uns und anderen vor sich geht, und um zu sehen, was uns und unserer Umgebung Wohlsein oder Leiden bringt. Die Achtsamkeit umfasst die Bereiche des Denkens, Handelns und Kommunizierens.

Entwickeln wir Achtsamkeit sowohl in der formalen Sitz- und Gehmeditation als auch im Alltag kontinuierlich weiter, entsteht Konzentration oder Sammlung des Geistes.

Diese Konzentration sollte nicht zwanghaft sein, sondern ein kontinuierliches Bemühen unseres Geistes, mit dem gerade Erlebten wirklich in Kontakt zu sein.

Diese Konzentration oder Sammlung können wir bei jedem achtsamen Spülen, Aufräumen, Kehren, Gemüseschneiden und so weiter erfahren. Sie verhilft unserem Geist zur Ruhe. Aus dieser inneren Ruhe kann sich tiefes Verstehen entwickeln in Bezug auf eine bestimmte Situation, in Bezug auf unseren eigenen Lebensprozess oder den anderer Wesen und in Bezug auf alles Dasein.

Wir brauchen aber auch ein gewisses Maß an tieferem Verstehen, um das Vertrauen in unsere geistige Übung aufrechtzuerhalten. Zum Beispiel die Erkenntnis, dass echtes Glück nicht davon abhängt, ob ich diese oder jene angenehme Sinnesempfindung habe, weil mir bewusst geworden ist, dass diese Sinnesempfindungen aufgrund ihres vergänglichen Charakters mir gar kein dauerhaftes Glück bringen können.

Alle fünf geistigen Fähigkeiten sind als Samen in unserem Speicherbewusstsein angelegt, und in dem Augenblick, in dem wir uns auf sie besinnen und sie in uns entwickeln, können sie sich in unserem ganzen Sein als geistige Kräfte entfalten.

Es war am letzten Tag eines mehrwöchigen Aufenthalts bei meiner Lehrerin Ruth Denison in ihrem Zentrum Dhamma Dena in der Mojave-Wüste. Ich wollte diesen Tag ganz ruhig im Zentrum mit Spaziergängen und Meditationen genießen.

Aber Ruth hatte etwas anderes vor. Sie sagte: »Annabelle, ich muss nach Palm Springs, komm mit!«

Eigentlich hatte ich keine große Lust dazu, denn bei jeder Fahrt in die Stadt gab es immer eine unendlich lange Liste von Dingen, die man einkaufen oder erledigen musste. Aber natürlich kam ich mit, denn es war immer sehr schön, mit Ruth zusammen zu sein.

Als Erstes hielten wir an der Tankstelle, weil am Auto etwas gerichtet werden musste. Das war so ungefähr das

Letzte, was ich mir für meinen letzten Tag in der Wüste gewünscht hatte. Ich bin sehr zart besaitet, was meine Geruchsnerven anbetrifft, und von Benzin- und Schmierölgestank wird mir immer schlecht.

Aber so praktizierte ich auf dem Gelände der Tankstelle Gehmeditation, um meinen Geist nicht allzu sehr in Betrübnis absinken zu lassen. Ruth war dagegen ganz interessiert an dem, was an der Tankstelle so vor sich ging, sie schaute sich im Laden alles Mögliche an und unterhielt sich mit den Leuten.

Dann ging es weiter. Ruth fuhr einen großen, alten Chevrolet und ich saß daneben. Ab und zu schaute sie mich an und fragte: »Annabelle, weißt du, dass du sitzt?« Ich brauchte gar nichts zu sagen, sondern nur die Empfindungen wirklich zu spüren, wie mein Körper sich in den Sitz eindrückte, mich einfach nur zu entspannen und alle Vorstellungen, dass ich jetzt eigentlich lieber einen Spaziergang durch die Wüste machen würde, aufzugeben. Durch Ruths Präsenz gelang es mir, immer wieder gegenwärtig zu sein, sodass der Wunsch, woanders zu sein, als da, wo ich gerade war, oder etwas anderes zu tun, als das, was gerade stattfand, immer mehr nachließ.

Am Ende des Tages schlug sie vor, in den heißen Quellen von Desert Hot Springs baden zu gehen – dieser Ort liegt auf dem Rückweg. Ich hatte kein Bedürfnis zu schwimmen, wusste aber, dass Ruth sich während des Badens sehr gut im warmen Wasser von ihren Rückenschmerzen erholen konnte, und sagte: »Wunderbar, du gehst ins Wasser und ich setze mich einfach in der Halle in einen Sessel.«

Es war eine der schönsten Stunden in meinem Leben: Ich saß einfach nur da, hörte die Geräusche der Kinder im Wasser, das Zwitschern der Vögel in den Palmen, spürte die

Empfindungen in meinem ganzen Körper – spürte eine sanfte, strömende Energie in mir. Und ein großes Wohlgefühl und tiefer Frieden kehrten in Körper und Geist ein. Mir war bewusst, dass ich jetzt die Früchte der Übung, achtsam zu sein und nicht an Vorstellungen festzuhalten, erntete und genoss die gesamte Rückfahrt in die Berge zur Copper Mountain Mesa.

Diese geleitete Meditation hilft uns, mit den Fünf geistigen Fähigkeiten zu üben und sie als wirkliche Kräfte in uns zu entwickeln, indem wir Leiden umwandeln und Freude und Wohlsein bei uns und anderen nähren.

1. Einatmend spüre ich, wie ich einatme.
   Ausatmend spüre ich, wie ich ausatme.

2. Einatmend spüre ich die Energie des Vertrauens in mir.
   Ausatmend lächle ich der Energie des Vertrauens in mir zu.

3. Einatmend spüre ich die Energie des Bemühens um meine geistige Übung in mir.
   Ausatmend erfreue ich mich an der Energie des Bemühens in mir.

4. Einatmend spüre ich die Energie der Achtsamkeit gegenüber allen Lebensvorgängen in mir.
   Ausatmend lächle ich der Energie der Achtsamkeit in mir zu.

5. Einatmend spüre ich die Energie der Konzentration in mir.
   Ausatmend erfreue ich mich an der Energie der Konzentration in mir.

6. Einatmend spüre ich die Energie des tiefen Verstehens in mir.
   Ausatmend lächle ich der Energie des Verstehens in mir zu.

7. Einatmend weiß ich, dass sich alle fünf geistigen Fähigkeiten gegenseitig unterstützen und sich zu wirklichen geistigen Kräften entwickeln können, die mir selbst und anderen Wesen Wohlsein bringen.
   Ausatmend erfreue ich mich an allen fünf geistigen Fähigkeiten.

8. Einatmend bin ich mir der Kostbarkeit meiner geistigen Übung bewusst.
   Ausatmend lächle ich.

Das Zusammenspiel von
Körper und Geist

Es ist eine wunderbare Übung, im Alltag immer wieder innezuhalten, den ganzen Körper mit der Ein- und Ausatmung zu spüren und sich der eigenen Geisteshaltung ganz bewusst zu werden. Wir benutzen dabei einfach das Licht der Achtsamkeit, um zu sehen, was in unserem Geist vor sich geht, wie wir emotional darauf reagieren und wie sich die betreffende geistige Haltung in unserem Körper ausdrückt.

Wir können spüren, wie die Angst uns erstarren oder erzittern oder in Schweiß ausbrechen lässt oder uns die Kehle zusammenschnürt. Wir können wahrnehmen, wie depressive Gefühle Schwere und Lethargie in unserem Körper erzeugen. Wir können erkennen, wie Gefühle der Freude und des Glücks uns ganz durchlässig und leicht werden lassen. Wir können erfahren, wie ein Gefühl der Gelassenheit und des Gleichmuts sich beim Gehen als Stabilität ausdrückt.

Das Zusammenspiel von Geist und Körper ist für uns also ganz konkret wahrnehmbar, und dies hilft uns, aus dem Gewohnheitstrott unseres Reagierens auszusteigen. Wir können heilsame Geisteshaltungen (die uns Frieden und Glück bringen) erkennen und spüren, wie sie sich im Körper anfühlen, und sie dann einladen wie einen sympathischen Gast, so lange wie möglich zu bleiben. Wir können unheil-

same Geisteshaltungen (die uns und anderen Leiden zufügen) erkennen und spüren, wie sie sich im Körper anfühlen und sie voller Mitgefühl umarmen, um sie zu transformieren, damit sie uns selbst und auch andere nicht länger leiden lassen. Wir können auch neutrale Geisteshaltungen erkennen und unseren Körper dabei spüren.

Wenn wir wahrnehmen, wie sich die unterschiedlichen Geisteshaltungen in unserem Körper anfühlen, haben wir damit ein gutes Instrumentarium, das uns erkennen lässt, was wir in uns nähren oder was wir in uns transformieren wollen.

So können immer wieder Frische, Offenheit, Interesse und Freude an allem, was uns im Leben begegnet, entstehen.

Diese geleitete Meditation hilft uns, das Zusammenspiel von Körper und Geist besser zu verstehen.

1. Einatmend spüre ich, wie ich einatme.
   Ausatmend spüre ich, wie ich ausatme.

2. Einatmend spüre ich die ganze Länge der Einatmung.
   Ausatmend spüre ich die ganze Länge der Ausatmung.

3. Einatmend spüre ich meinen ganzen Körper.
   Ausatmend spüre ich meinen ganzen Körper.

4. Einatmend bin ich mir der Geisteshaltung der Freude bewusst.
   Ausatmend spüre ich, wie sich die Geisteshaltung der Freude in meinem Körper ausdrückt.

5. Einatmend bin ich mir der Geisteshaltung der Gelassenheit bewusst.
   Ausatmend spüre ich, wie sich die Geisteshaltung der Gelassenheit in meinem Körper ausdrückt.

6. Einatmend bin ich mir der Geisteshaltung der Verzweiflung bewusst.
   Ausatmend spüre ich, wie sich die Verzweiflung in meinem Körper ausdrückt, und umarme sie voller Mitgefühl.

7. Einatmend bin ich mir der Geisteshaltung der Angst bewusst.
   Ausatmend spüre ich, wie sich die Angst in meinem Körper ausdrückt, und umarme sie voller Mitgefühl.

8. Einatmend bin ich mir der Geisteshaltung des Ärgers bewusst.
   Ausatmend spüre ich, wie sich der Ärger in meinem Körper ausdrückt, und umarme ihn voller Mitgefühl.

9. Einatmend bin ich bereit, heilsame Geisteshaltungen in mir zu erkennen und zu nähren.
   Ausatmend bin ich bereit, unheilsame Geisteshaltungen in mir zu umarmen und zu transformieren.

10. Einatmend spüre ich, wie ich einatme.
    Ausatmend spüre ich, wie ich ausatme.

Können wir offen sein für unsere körperlichen Schmerzen?

Die meisten von uns haben nie gelernt, mit körperlichen Schmerzen gut umzugehen. Und so entstehen meist als Reaktion auf körperliche auch geistige Schmerzen: Wir leiden.

Dieses Leiden hat damit zu tun, dass wir in unserem Geist Widerstand gegen das unangenehme Gefühl des körperlichen Schmerzes aufbauen.

Der Geist sagt: Dieser Schmerz sollte nicht da sein.

Doch wir alle sind immer wieder in unserem Leben körperlichen Schmerzen und Krankheiten ausgesetzt. Diesem Tatbestand können wir nicht entgehen. Dieser Körper ist nicht so eingerichtet, dass er nur angenehme Gefühle produziert, sondern es gibt auch unangenehme Gefühle.

Wir können natürlich eine Schmerztablette nehmen und versuchen, den Schmerz zu betäuben, aber in manchen Situationen ist das nicht möglich. Zum Beispiel, wenn wir chronisch starke Schmerzen haben und die Nebenwirkungen der Schmerzmittel so groß sind, dass sie anderen Organen schaden, oder wenn der Schmerz so groß ist, dass er alle Medikamente übertönt.

Es ist gut, wenn wir schon bei geringen körperlichen Schmerzen anfangen, mit ihnen zu üben, dann fällt uns die Übung im Ernstfall leichter und wir können auch mit stärkeren körperlichen Schmerzen anders umgehen. (Natürlich sollten wir bei starken Schmerzen auch zum Arzt/zur Ärztin gehen und sie abklären lassen.)

Die erste Ebene im Umgang mit Schmerz besteht darin, dass wir uns wirklich der schmerzhaften Empfindungen bewusst sind und bereit sind, sie in diesem Augenblick zuzulassen. Dabei hilft uns die einfache Frage: »Kann ich diesen Schmerz wirklich spüren?«, oder »Kann ich offen sein für diesen Schmerz?«, oder »Kann ich diesen Schmerz wirklich zulassen?«

Wir erforschen den Schmerz, schauen, ob er eher diffus ist oder fokussiert, drückend oder ziehend, pulsierend oder stechend …

Wir spüren, ob er sich mit der Ein- oder Ausatmung verändert. Wird er stärker oder schwächer oder bleibt er gleich?

Wir fragen uns: »Kann ich diesen unangenehmen Empfindungen voller Mitgefühl begegnen?« Es ist spannend zu spüren, was an dem Ort, an dem wir den Schmerz spüren, passiert, während wir diese Frage stellen. Wie verändert sich das schmerzhafte Gefühl durch die Frage? Die Frage lässt in unserem Geist Offenheit und Empfänglichkeit für unser Leben in diesem Augenblick entstehen. Und diese offene, mitfühlende Haltung, die wir dem körperlichen Schmerz entgegenbringen, ist das Wichtigste, das wir tun können, um nicht zu leiden.

Wir können dieser schmerzhaften Stelle auch unsere ganze Zärtlichkeit entgegenbringen, ihr eine »Liebeserklärung« machen, auch wenn sie anfangs nicht ganz echt ist: »Mein lieber, lieber Magen … Ich liebe dich, auch wenn du mir Schmerzen bereitest.« Diese Liebeserklärung hilft uns, den Widerstand gegen den Schmerz aufzulösen.

Nachdem wir den Schmerz erforscht haben, gehen wir mit der Aufmerksamkeit zu einer anderen, entfernteren Stelle im Körper, wo es im Augenblick keinen Schmerz gibt, sondern neutrale oder angenehme Empfindungen. Bei Kopfschmerzen zum Beispiel könnten wir die Aufmerksamkeit zu den Füßen oder den Händen bringen und dort die Empfindungen spüren. Das hilft uns, unser Wahrnehmungsfeld zu erweitern, sodass der Schmerz unseren Geist nicht total besetzen kann.

Wir geben dem Schmerz einen weiten Raum, wo er dann unter anderen Empfindungen da sein kann. Manchmal löst er sich in diesem weiten Raum auf, manchmal bleibt er da.

Zum Abschluss können wir unseren ganzen Körper noch einmal spüren und uns bewusst machen, was für ein Wunder dieser Körper ist. Wir können ihm ganz freundlich zulächeln, sodass sich alle Zellen so gut wie möglich entspannen können.

Die geistige Übung, mit Schmerzen achtsam, offen und mitfühlend umzugehen, können wir unser ganzes Leben lang praktizieren, denn Gelegenheiten dazu gibt es viele. Sie bringt unserem Geist, der normalerweise bei der kleinsten körperlichen Unpässlichkeit mit »Fight or Flight« (»Kämpfen oder Fliehen«) reagiert, Frieden, Gelassenheit und Stabilität.

1. Einatmend spüre ich, wie ich einatme.
   Ausatmend spüre ich, wie ich ausatme.

2. Einatmend spüre ich meinen ganzen Körper.
   Ausatmend spüre ich meinen ganzen Körper.

3. Einatmend spüre ich einen schmerzhaften Bereich in meinem Körper.
   Ausatmend stelle ich die Frage: Kann ich diese Schmerzen zulassen und ganz offen dafür sein?

4. Einatmend bin ich bereit, diesen schmerzhaften Bereich zu erforschen.
   Ausatmend spüre ich, ob der Schmerz eher diffus ist oder ob er pulsierend, ziehend oder drückend ist.

5. Einatmend frage ich: Kann ich diesen schmerzhaften Bereich voller Mitgefühl umarmen?
   Ausatmend spüre ich, wie sich diese Frage auf die schmerzhafte Stelle auswirkt.

6. Einatmend spüre ich, ob der Schmerz mit der Einatmung zu- oder abnimmt.
   Ausatmend spüre ich, ob der Schmerz mit der Ausatmung zu- oder abnimmt.

7. Einatmend spüre ich eine Stelle im Körper, die weit von dem schmerzhaften Bereich entfernt ist.
   Ausatmend genieße ich die Empfindungen an dieser neutralen oder angenehmen Stelle im Körper.

8. Einatmend spüre ich meinen ganzen Körper.
   Ausatmend lächle ich meinem Körper zu.

9. Einatmend bin ich mir der Kostbarkeit meiner geistigen Übung bewusst.
   Ausatmend lächle ich.

Achtsam mit unseren Bedürfnissen und Wünschen umgehen

Es gibt einen schönen Spruch von Johannes Tauler, einem christlichen Mystiker aus dem 14. Jahrhundert, den ich sehr inspirierend finde, vor allem, wenn ich merke, dass mich irgendwelche Bedürfnisse davontragen:

Halt an, wo läufst du hin, der Himmel ist in dir,
suchst du ihn anderswo,
du (ver)fehlst ihn für und für.

Jeder Augenblick, in dem ich einfach nur dasitze und meinen Atem spüre oder gehe und den Abdruck meiner Füße auf dem Boden wahrnehme, ist eine große Kostbarkeit.

Zu den schönsten Zeiten in meinem Leben gehört das halbe Jahr, das ich in Dhamma Dena, dem Zentrum meiner Lehrerin Ruth Denison in der Mojave-Wüste, verbrachte, zehn Meilen von der nächsten Stadt entfernt. Es war ein wunderbar einfaches Leben in großer Achtsamkeit:

Ich hatte nur wenige Dinge dabei, da ich mit einem kleinen Koffer angereist war, und musste alle paar Wochen meine Schlafstelle wechseln. Mal schlief ich mit zwei Frauen, mal mit fünf oder acht im Raum, je nachdem, welches Retreat gerade stattfand. Ich arbeitete als Köchin und kochte für 50 Leute, war Ruths Assistentin im Zendo, war als Yogalehrerin, als Kloputzfrau tätig oder half das Haus zu renovieren, das sie gekauft hatte.

Auch wenn ich einige Zeit in Plum Village verbringe, dem Kloster von Thich Nhat Hanh in Frankreich, merke ich, welch tiefe Erholung dieses einfache Leben in Achtsamkeit für meinen Körper und Geist bedeutet.

Der Buddha hat von fünf Arten von Bedürfnissen oder Begierden gesprochen, die uns viel Leiden bringen können, wenn unser Leben ganz auf sie ausgerichtet ist:

1. Das erste Bedürfnis ist, reich zu sein. 2. Das zweite Bedürfnis ist, schön zu sein. 3. Das dritte Bedürfnis ist, nach Macht zu streben. 4. Das vierte Bedürfnis ist, auf besonders raffiniert zubereitetes und viel Essen aus zu sein. 5. Das fünfte Bedürfnis ist, faul zu sein.

Ganz allgemein können wir bemerken, dass die Energie des Haben-Wollens uns in Spannung versetzt, genauso wie die Energie des Nicht-Haben-Wollens. Diese Spannung können wir im Allgemeinen gut in unterschiedlichen Bereichen unseres Körpers spüren.

Wenn wir uns dieser Energie des Haben-Wollens nicht bewusst sind oder wir an ihr festhalten, wird sich diese Spannung darin ausdrücken, dass wir den Atem mehr oder weniger subtil anhalten und wir unsere natürliche Durchlässigkeit verlieren. Wir jagen hinter der Erfüllung unserer Bedürfnisse her, und dies kann ein lebenslanges Rennen sein und uns großen Stress verursachen. Wenn wir genauer hinschauen, bemerken wir, dass uns jedes erfüllte Bedürfnis nur einen sehr kurzen Moment der Befriedigung bringt. Es ist der Moment des Friedens, wenn der Schmerz des Haben-Wollens durch die Erfüllung des Begehrens nachlässt. Kurz darauf entsteht ein neues Bedürfnis. Wie Wilhelm Busch es so trefflich ausgedrückt hat: »Jeder Wunsch einmal erfüllt, kriegt augenblicklich Junge.«

Das heißt, jedes erfüllte Bedürfnis bringt ein neues Bedürfnis hervor.

Können wir uns der Vergänglichkeit und Substanzlosigkeit/Leerheit der Objekte unserer Sehnsucht, unseres Begehrens bewusst werden und ihnen zulächeln und uns entspannen? Dann werden sie uns nicht länger beherrschen.

Es ist klar, dass es hier nicht um die Erfüllung von solch grundlegenden Bedürfnissen geht, wie zu essen, wenn wir Hunger haben, uns warm anzuziehen, wenn es draußen kalt ist, eine warme Wohnung zu haben oder zur Ärztin zu gehen, wenn wir krank sind.

Achtsamkeit hilft uns, die Macht des Anhaftens an unseren überflüssigen Bedürfnissen zu unterbrechen und das rechte Maß sowie Loslassen und Leichtigkeit in Bezug auf die Erfüllung unserer Bedürfnisse und Wünsche zu entwickeln.

Wenn wir zum Beispiel an den Vorgang des Essens denken, der ja ein ganz zentraler Vorgang in unserem Leben ist, so erkennen wir, dass uns das Essen Leiden oder Glück bringt, je nach unseren Gewohnheitsenergien und je nach dem Grad unserer Achtsamkeit.

Wenn ich die Nahrung gierig hinunterschlinge und immer mehr davon haben will, wird diese Art und Weise des Essens zu Problemen wie Übergewicht und allen damit verbundenen Krankheiten führen. Lehne ich auf der anderen Seite die Nahrungsaufnahme ab, werde ich mich schlimmstenfalls zu Tode hungern.

Wenn ich hingegen achtsam esse und dabei wirklich das Kauen, den Geschmack der Nahrung und das Schlucken spüre, ist das Essen ein wunderbarer Vorgang, in dem sich der Geist sammelt und die Freude und Ruhe des konzentrierten Geistes entstehen können. Danach fühle ich mich wohl in meinem Körper und auch in meinem Geist.

Dann reicht mir auch ein Keks oder ein Stück Schokolade als Dessert, sehr achtsam und langsam gegessen, um mein Bedürfnis nach Süßem zu stillen, und ich brauche nicht gleich eine ganze Tafel Schokolade hastig und mit schlechtem Gewissen zu verzehren.

Immer wenn ich rechtzeitig merke, dass ich gierig in meiner Art des Konsumierens werde, und dann mein Anhaften an den Objekten meines Begehrens unterbreche, nehme ich mit großer Erleichterung diesen Augenblick der Freiheit wahr.

Die Objekte meiner Anhaftung sind vor allem Bücher. Schon in meiner Jugend habe ich Bücher verschlungen. Ich sah und hörte nichts mehr, wenn ich ein spannendes Buch las. Meine Mutter konnte das ganze Haus zusammenrufen; ich rührte mich nicht und las bis spät in die Nacht. Ab und zu überkommt mich diese Lesesucht bei spannenden Biographien heute immer noch, und ich bin sehr froh, wenn ich das merke und dann das Buch beiseite lege, meinen Atem spüre und einen Spaziergang »dazwischenschalte« oder achtsam meine Küche aufräume.

Viele Menschen leiden heute unter Kaufsucht, sind dauernd auf Schnäppchenjagd und sammeln zu Hause Dinge an, die sie eigentlich gar nicht brauchen. Vielleicht verschulden sie sich deswegen sogar, was sie des Nachts vor Sorgen und Verzweiflung nicht schlafen lässt.

Als Übung können wir einmal ganz bewusst durch ein Kaufhaus gehen und nur eine Sache, die wir wirklich brauchen, kaufen und allen anderen Dingen einfach nur zulächeln. Danach werden wir die Freude der Freiheit spüren, wenn wir es geschafft haben, nur mit diesem einen Ding nach Hause zu ziehen.

Manche Menschen machen eine Ausbildung oder Fortbildung nach der anderen und denken, sie müssten immer noch mehr Zertifikate und Abschlüsse ansammeln. Sie setzen sich dadurch unter Dauerstress und sind für ihre Familie oder Freunde/innen kaum ansprechbar. Andere sind Workaholics, arbeitssüchtig, müssen dauernd arbeiten und können nicht entspannt einmal still sitzen und gemütlich eine Tasse Tee trinken. So verlieren sie oft das Gefühl für die kleinen und großen Freuden des Lebens.

Diese geleitete Meditation hilft uns, achtsam mit unseren Bedürfnissen umzugehen.

1. Einatmend spüre ich meinen ganzen Körper.
   Ausatmend genieße ich die ganze Länge der Ausatmung.

2. Einatmend spüre ich ein Bedürfnis nach Reichtum in mir.
   Ausatmend weiß ich, dass Reichtum mir kein wahres Glück bringt, und lächle meinem Bedürfnis, reich zu sein, zu.

3. Einatmend spüre ich ein Bedürfnis nach Macht über Menschen und Dinge in mir.
   Ausatmend weiß ich, dass mir Macht über andere kein wahres Glück bringt, und lächle meinem Bedürfnis nach Macht zu.

4. Einatmend spüre ich ein Bedürfnis nach sexueller Befriedigung in mir.
   Ausatmend bin ich bereit, achtsam mit diesem Bedürfnis nach Sexualität umzugehen, und lächle ihm zu.

5. Einatmend spüre ich ein Bedürfnis nach leckerem Essen.
   Ausatmend nehme ich mir vor, sehr achtsam und langsam zu essen und genau zu spüren, wann ich satt bin.

6. Einatmend genieße ich dieses eine Stückchen Schokolade.
   Ausatmend lächle ich dem Rest der Tafel Schokolade zu.

7. Einatmend spüre ich das Bedürfnis, gar nichts mehr zu tun.
   Ausatmend weiß ich, dass mir, überhaupt nichts mehr

zu tun, kein wahres Glück bringt, sondern mich
lethargisch und depressiv stimmen kann.

8. Einatmend spüre ich den Drang, dauernd zu arbeiten
und immer aktiv zu sein.
Ausatmend sitze ich einfach nur da und schaue den
vorüberziehenden Wolken zu.

9. Einatmend spüre ich ein Bedürfnis, den Fernseher
einzuschalten.
Ausatmend lächle ich dem Fernseher zu und lasse
ihn aus.

10. Einatmend spüre ich meine Füße, während ich durch
ein Kaufhaus gehe.
Ausatmend kaufe ich nur das, was ich mir vorgenommen habe und was ich wirklich brauche, und lächle
allen anderen Dingen zu.

11. Einatmend genieße ich die ganze Länge der
Einatmung.
Ausatmend bin ich bereit, meinen Bedürfnissen
voller Achtsamkeit zu begegnen.

Die vier Quellen unserer Nahrung

Shariputra, einer der bekanntesten Schüler des Buddha, sprach in einer Lehrrede über die rechte Anschauung von vier Quellen unserer Nahrung:

Bei der ersten Nahrungsquelle geht es um die materielle Ebene, also um das, was wir an Essen und Trinken zu uns nehmen.

Wir sollten darauf achten, dass wir gesunde Nahrung zu uns nehmen, die unserem Körper und Geist nicht schadet wie auch so wenig wie möglich anderen Wesen (Tieren) und unserer Umwelt. Die Hühnerbatterien, die industrielle Aufzucht von Rindern und Schweinen und so weiter sind für die Tiere äußerst leidvoll, und ein großer Teil der Umweltschäden entsteht durch die Massentierhaltung. Es gibt wunderbare vegetarische oder vegane Gerichte (ohne Milchprodukte oder Eier), die nahrhaft sind und köstlich schmecken.

Die zweite Nahrungsquelle besteht aus den Sinneseindrücken, die wir fortwährend aufnehmen. Sie bezieht sich auf die fünf körperlichen Sinnestätigkeiten des Spürens, Hörens, Riechens, Schmeckens, Sehens und auf das Denken. Diese Sinne sind, wenn wir nicht gerade schlafen oder meditieren, dauernd aktiv und können uns ganz schön auf Trab halten, denn der menschliche Geist hat die Tendenz, den angenehmen Sinneseindrücken stets hinterherzurennen und die unangenehmen zu vermeiden.

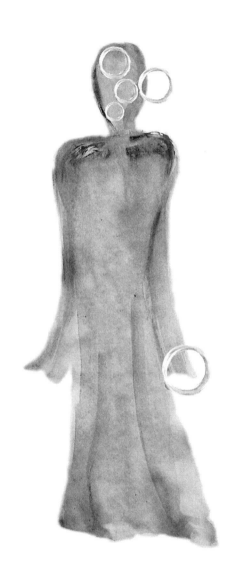

Um uns der ständigen Reizüberflutung in unserer Mediengesellschaft etwas zu entziehen, können wir uns vornehmen, unser Leben einfach zu gestalten und Radio, Fernsehen und Zeitungen nur sehr eingeschränkt zu konsumieren. Statt eines Stadtbummels, der uns mit den vielen Dingen in den Auslagen der Geschäfte konfrontiert, die nur den Spruch »Kauf mich, du brauchst mich!« kennen, können wir einen schönen Spaziergang draußen in der Natur machen und sie genießen.

Die dritte Quelle der Nahrung sind unsere Absichten, die wir in heilsame und unheilsame Willensbestrebungen einteilen können, und die vierte Nahrungsquelle ist unser Bewusstsein mit seinem individuellen und kollektiven Anteil.

Wenn wir in unserem Leben Frieden und Glück erfahren wollen, dann geht es immer wieder darum, heilsame Absichten, die unserem eigenen Wohlsein und dem aller Wesen dienlich sind, in uns zu kultivieren. Das tut uns selbst unendlich gut und hat natürlich eine wunderbare Auswirkung auf alle unsere Beziehungen.

Bin ich immer wieder bereit, offen zu sein, für andere da zu sein und sie nicht in meinem Sprechen oder Handeln zu verletzen, gebe ich meinem Leben einen tieferen Sinn, und das in einer Gesellschaft, in der es so viel Oberflächlichkeit, Egoismus, Gewalt, Rache, Täuschung und Manipulation gibt.

Das Kultivieren heilsamer Absichten erfordert große geistige Klarheit, Großzügigkeit, Nachsicht, Geduld und tiefes Verstehen. Wir alle haben schwierige Gewohnheitsenergien in uns, die wir aber erkennen und verändern können. Mit der Zeit entstehen durch diese Übung so viel

Freude und Zufriedenheit in unserem Leben, dass wir sie nicht mehr aufgeben mögen.

Es kann sehr hilfreich sein, mit anderen zusammen zu üben. Das bestärkt uns darin, unsere eigenen heilsamen Samen zu kultivieren. Manche unserer Mitübenden inspirieren uns durch ihr Beispiel an Güte, Mitgefühl, Gelassenheit, Heiterkeit und Großzügigkeit. Andere wiederum fordern uns heraus, weil sie ungeduldig, verurteilend und ärgerlich sind.

Wir müssen uns genau anschauen, welche Energien wir aufnehmen: Gerade am Anfang unseres Übungsweges, wenn unsere heilsamen Samen noch sehr schwach sind, das heißt. wenn unsere Güte, unser Mitgefühl, unsere Gelassenheit, unser Verstehen, unsere Achtsamkeit noch unterentwickelt sind, ist es wichtig, möglichst oft mit solchen Menschen zusammen zu sein, die schon ein Stück des Weges gegangen sind und uns mit ihrem guten Beispiel inspirieren können. Das sind unsere edlen Freunde/innen, wie der Buddha sie so schön genannt hat.

Wenn wir in unserem bisherigen Leben immer hinter irgendetwas hergejagt oder vor etwas weggelaufen sind oder einfach nur rennen, weil unsere Mutter, unser Vater, unsere ganze Gesellschaft ständig am Rennen sind, dann kann es eine richtige »Kur« für unseren Geist sein, uns einmal eine Zeitlang an einem Ort, zum Beispiel einem buddhistischen Kloster oder Zentrum, aufzuhalten, wo nicht mehr gerannt wird.

Wir können die Nonnen und Mönche sehen, wie sie sich achtsam bewegen, wie sie achtsam miteinander sprechen, wie sie achtsam im Garten arbeiten, wie sie achtsam putzen, Essen zubereiten, bei Schwierigkeiten nicht gleich durchdrehen, sondern Ruhe und Gelassenheit bewahren.

Als ich einmal im Sommerretreat in Plum Village war, funktionierte die Übertragungsanlage für die Übersetzungen nicht. Sie ist bei den Vorträgen von Thich Nhat Hanh sehr wichtig, da Menschen aus vielen Ländern mit unterschiedlichen Sprachen die Vorträge hören wollen, die in ihre Sprache übersetzt werden. Ich sah, wie die Mönche, die an diesem Tag verantwortlich für die Anlage waren, langsamen Schrittes zu den Übersetzungsboxen gingen und die Kabel überprüften. Thay saß vorne und signierte einen Stapel Bücher. Aber auch nachdem er den ganzen Stapel signiert hatte, funktionierte die Anlage nicht. Er sagte nichts und saß einfach nur da und der ganze Saal mit Hunderten von Menschen saß einfach nur da. Es war wunderbar. Wir wussten alle, um was es ging: Einfach nur da sitzen, den Atem spüren und uns dessen vollkommen bewusst sein. Das Ganze dauerte ungefähr 50 Minuten.

Die ruhige Energie der Mönche und Nonnen kann sich auf einer zellulären Ebene auf uns übertragen. Sie stecken uns an mit dem wunderbaren Virus, der Achtsamkeit, Konzentration, Gelassenheit, Mitgefühl und Verstehen heißt. Durch das Zusammensein mit einer solchen Übungsgemeinschaft (Sangha) müssen wir uns auch gar nicht so sehr anstrengen, wir müssen nur offen sein für ihre Energie, und schon kann sie sich in uns ausbreiten.

In jedem Augenblick unseres Lebens sich achtsam zu bewegen und in einer Bewegung wirklich anzukommen, eine ganze Einatmung und Ausatmung wirklich zu spüren verhilft unserem unruhigen Geist zu Frieden und Gelassenheit. Das ist wirkliche Heilung, die mitten in unserem Alltag stattfinden kann. Wenn wir merken, dass wir ganz wach, ganz präsent, friedvoll und gelassen sind, können wir uns an unserer eigenen Übung erfreuen und anderen helfen, wenn es ihnen nicht so gut geht.

Diese geleitete Meditation hilft uns, uns der vier Quellen unserer Nahrung bewusst zu werden und ein sinnerfülltes Leben in Achtsamkeit und Mitgefühl für uns selbst und unsere Gesellschaft zu führen.

1. Einatmend spüre ich, wie ich einatme.
   Ausatmend spüre ich, wie ich ausatme.

2. Einatmend bin ich bereit, möglichst nur solche Nahrung zu mir zu nehmen, die mir selbst und anderen nicht schadet.
   Ausatmend lächle ich.

3. Einatmend bin ich bereit, Stabilität zu entwickeln und mir, so weit wie möglich, eine reizarme Umgebung zu schaffen.
   Ausatmend freue ich mich an den einfachen Dingen des Lebens.

4. Einatmend höre ich das Zirpen der Zikaden in einer lauen Sommernacht.
   Ausatmend lächle ich.

5. Einatmend sehe in den Tanz der Schneeflocken an einem schönen Wintermorgen.
   Ausatmend lächle ich.

6. Einatmend bin ich bereit, die kleinen Freuden des Lebens mit anderen zu teilen.

Ausatmend lade ich eine/n Freund/in zu einem Spaziergang in der Natur ein.

7. Einatmend spüre ich, wie die Energie von Menschen, die in Achtsamkeit und Gelassenheit leben, mir hilft, selbst ein achtsames und freudvolles Leben zu führen. Ausatmend lächle ich.

8. Einatmend bin ich bereit, Klarheit und Verstehen zu entwickeln.
Ausatmend lasse ich mich nicht von anderen in negative Arten des Denkens, Sprechens und Handelns hineinziehen.

9. Einatmend bin ich bereit, Gelassenheit und Mitgefühl zu entwickeln.
Ausatmend tröste ich einen Menschen, der gerade verzweifelt ist.

10. Einatmend bin ich bereit, auch in schwierigen Situationen friedvoll zu bleiben.
Ausatmend bin ich bereit, einem aufgebrachten Menschen mit Ruhe und Freundlichkeit zu begegnen.

11. Einatmend bin ich bereit, heilsame Absichten für mein eigenes Wohlsein und dem aller Wesen zu entwickeln.
Ausatmend lächle ich und spüre, wie gut mir das selbst und anderen tut.

Innen und Außen – Die vier Elemente

In der Satipatthana Sutra, der zentralen Lehrrede des Buddha über die vier Grundlagen der Achtsamkeit, spricht der Buddha bei der ersten Grundlage der Achtsamkeit, die sich auf den Körper bezieht, von den vier Elementen, aus denen jedes Wesen besteht: Erde, Wasser, Feuer und Luft.

Beim Erdelement können wir alle festen Bestandteile unseres Körpers wahrnehmen, die ihm Struktur und Halt geben: Knochen, Muskeln, Sehnen, Zähne, Nägel, Haare, Mineralien. Wir brauchen alle ein bestimmtes Maß an Struktur und Festigkeit, damit wir aufrecht stehen, gehen und uns bewegen können. Diese Struktur und Festigkeit können in Bezug auf unser Denken, Sprechen und Verhalten darin bestehen, dass wir unseren Alltag zu strukturieren imstande sind und auch Grenzen zu setzen vermögen und »nein« sagen können, wenn wir bei uns selbst und bei anderen leidvolles Denken, Sprechen und Handeln bemerken.

Diese Stabilität bedeutet auch, dass wir uns nicht so schnell von Mehrheitsmeinungen überwältigen lassen, sondern zu dem stehen, was wir als sinnvoll, hilfreich und heilsam für unser Leben und für das anderer erachten sowie als angemessen in einer bestimmten Situation ansehen.

Wenn wir an das Erdelement in der Natur denken, so wird uns bewusst, dass ohne »Mutter Erde« kein Leben möglich wäre.

Wir brauchen aber auch das Wasserelement, das alle Energien im Körper miteinander verbindet und alles zusammenhält und das sehr biegsam und dauernd in Bewegung ist. Im übertragenen Sinne hilft uns dieses Element, Verbundenheit und Anpassungsfähigkeit zu entwickeln. Das Wasserelement hat zudem etwas sehr Reinigendes. Wenn wir weinen und unsere Tränen spüren, erfahren wir oft ein Gefühl der Erleichterung und können unsere Sorgen und Probleme loslassen. Das Weinen vermag uns beim Loslassen gut zu helfen. Werden wir uns der fortwährenden Bewegung des Wassers bewusst, wenn wir an einem Bach, Fluss, See oder am Meer sitzen, unterstützt uns das sehr darin, uns von Dingen, Menschen und Tieren zu lösen, die uns durch Trennung oder Tod verlassen haben. Wir können den ständigen Wandel aller Erscheinungsformen als etwas ganz Natürliches erkennen und akzeptieren.

Wenn wir uns des Wasserelements in der Natur bewusst sind, wissen wir, dass wir ohne Wasser nicht leben können: Wir selbst bestehen zum größten Teil aus Wasser, und alle Pflanzen und Tiere brauchen Wasser.

Das Feuerelement bringt unserem Körper das Maß an Wärme, was er benötigt, um lebendig zu sein. Die Sonne lässt alle Pflanzen wachsen und erblühen. Wir brauchen die Wärme der bedingungslosen Liebe und des Mitgefühls, damit sich unser Herz für alles Leben öffnen kann.

Das Luftelement spüren wir in Form der Atembewegung in uns, aber auch jede Bewegung, die wir ausführen, ist von dieser Energie getragen.

Wir brauchen Raum, Luft sowie einen offenen Geist, der nicht an vorgefassten Meinungen, Vorstellungen und Urteilen festhält, sondern bereit ist, sich immer wieder für diesen konkreten Augenblick zu öffnen. Wenn wir zu sehr an unseren Vorstellungen über uns, andere oder darüber, wie etwas zu sein habe, anhaften, leiden wir.

In der zweiten Übung des Interseinordens von Thich Nhat Hanh heißt es:

»Im Bewusstsein des Leides, das durch Festhalten an Ansichten und falschen Wahrnehmungen entsteht, sind wir entschlossen, Engstirnigkeit zu vermeiden und uns nicht an gegenwärtige Ansichten zu binden. Wir wollen das Nicht-Haften an Ansichten üben, um für Erkenntnisse und Erfahrungen anderer offen zu sein. Wir sind uns bewusst, dass unser derzeitiges Wissen keine unveränderliche, absolute Wahrheit ist. Da sich Wahrheit nur im Leben selbst findet, wollen wir in jedem Augenblick das Leben in uns und um uns herum achtsam wahrnehmen und bereit sein, ein Leben lang zu lernen.«

Diese geleitete Meditation hilft uns, mit den Elementen in uns und in der Natur in Berührung zu kommen.

1. Einatmend weiß ich, dass ich einatme.
   Ausatmend weiß ich, dass ich ausatme.

2. Einatmend spüre ich meinen ganzen Körper.
   Ausatmend können sich alle Spannungen in meinem Körper lösen.

3. Einatmend bin ich mir der Festigkeit des Erdelements in mir bewusst: aller festen Bestandteile wie Knochen, Nägel, Muskeln, Sehnen, Haare.

Ausatmend spüre ich die Festigkeit des Bodens unter mir, die mir Stabilität gibt.

4. Einatmend bin ich mir des Wasserelements in mir bewusst: des Blutes, der Lymphe, des Urins, des Speichels.
Ausatmend bin ich in Kontakt mit dem Wasserelement in der Natur: den Bächen, Seen, Flüssen, und Ozeanen und erfreue mich an ihrer Fähigkeit, alles zu verbinden, alles zu lösen und zu reinigen.

5. Einatmend bin ich mir des Feuerelements in mir bewusst: der Wärme in meinem Körper, der wärmenden Kraft des gütigen und mitfühlenden Herzens.
Ausatmend erfreue ich mich am Sonnenschein, der meinen ganzen Körper erwärmt und lebendig macht.

6. Einatmend bin ich mir des Luftelements in mir bewusst: jeder Ein- und Ausatmung, die meinen Körper belebt und erfrischt, und bin bereit, meine festgefahrenen Wahrnehmungen, Meinungen und Strukturen loszulassen.
Ausatmend genieße ich den leichten Frühlingswind oder den kraftvollen Sturm im Herbst.

7. Einatmend weiß ich, dass alle vier Elemente in mir in Harmonie zusammenwirken müssen, damit ich in Frieden leben kann.
Ausatmend lächle ich allen Elementen in mir und in der Natur zu.

8. Einatmend freue ich mich über die sanfte Berührung
   der Regentropfen auf meinem Gesicht.
   Ausatmend weiß ich, dass alle Bäume, Büsche, Gräser
   und Blumen den Regen genießen.

9. Einatmend erfreue ich mich an der Kostbarkeit dieses
   Augenblicks.
   Ausatmend lächle ich.

Intersein oder Leerheit:
Die Energien unserer Vorfahren in uns
erkennen und heilen

»Es gibt kein eigenständiges, abgetrenntes Selbst«, sagt der Buddha und weist damit auf eines der zentralen Merkmale unseres Daseins hin: Alles, was existiert, jede Erscheinungsform ist abhängig von allem anderen, was existiert.

So gibt es uns nur, weil es unsere Mutter und unseren Vater gab, und diese wiederum, weil es unsere Großeltern und eine nahezu endlose Reihe von Vorfahren aus anfangslosen Zeiten gab.

In unserer westlichen Kultur sind wir im Allgemeinen sehr auf unsere Unabhängigkeit und unsere Individualität bedacht und meist sehr stolz darauf.

Das kann aber dazu führen, dass wir uns immer mehr von anderen abkapseln, die nicht so sind, wie wir sie gerne hätten. Dieses Abkapseln, das ursprünglich als Strategie gedacht war, mehr Glück zu erfahren, kann zu großem Leiden führen: zu Gefühlen der Isolation und Einsamkeit.

Wenn wir auf einer tieferen Ebene nicht oder kaum in Beziehung zu anderen Menschen, Tieren oder Pflanzen stehen, das heißt, wenn wir uns nicht von anderen berühren lassen und nicht bereit sind, andere zu berühren, können uns leidvolle Gefühle über die Sinnlosigkeit unseres Daseins den Boden unter den Füßen wegziehen.

Hilfreich ist es da, die Verbindung, den Kontakt zu unseren blutsverwandten Vorfahren (Eltern, Großeltern usw.) und unseren spirituellen Vorfahren (alle, die uns auf den Weg des Verstehens und der Liebe geführt haben) und auch zu den Vorfahren unseres Landes (alle, die die Infrastruktur, die Gesetze und die Kultur in unserem Land geschaffen haben) zu suchen und immer wieder zu vertiefen. Dann können wir sehen, dass wir kein kleiner isolierter Tropfen Wasser, sondern Teil eines großen Stromes von Wesen sind, der seit unendlichen Zeiten fließt und wahrscheinlich auch noch sehr lange fließen wird.

Verstehen und spüren wir tief, dass wir Teil der ganzen Menschheit und des ganzen Universums sind, kann uns das ein Gefühl der Geborgenheit zurückgeben, welches uns vielleicht im Laufe unseres Lebens verlorengegangen ist.

Wir gewinnen dann auch ein konkretes Verständnis von Leerheit, einer im Buddhismus so zentralen Vorstellung.

Die Leerheit aller Erscheinungsformen ist genauso wie die Vergänglichkeit aller Erscheinungsformen ein wesentliches Merkmal unserer Existenz, das heißt, es ist keine Theorie, sondern eine Realität.

Bezogen auf uns als Person heißt dies, dass wir aus lauter Elementen und Energien bestehen, die uns von unseren Vorfahren übertragen wurden. Wir haben viele wunderbare Energien und wir haben auch etliche schwierige Energien mitbekommen.

Die Achtsamkeitsübung bezüglich Körper, Geist und Gefühlen hilft uns zu erkennen, welche Energien von unseren Vorfahren heilsam sind, und die sollten wir anerkennen und in uns fördern: Vielleicht war unsere Mutter oder unser Vater mitfühlend, liebevoll, bescheiden und großzügig. Die Achtsamkeit hilft uns auch zu sehen, welche Art und Weise des Denkens, Sprechens und Handelns unserer Vorfahren uns selbst und anderen Leiden bringt, und die gilt es zu transformieren: Vielleicht kritisierte Mutter oder Vater uns oft sehr und gebrauchte herabsetzende Worte oder sie demütigten uns durch körperliche Gewalt oder sogar durch sexuellen Missbrauch. Wir können uns darin üben, uns selbst voller Mitgefühl zu umarmen, um allmählich den Schmerz dieser Wunden in uns zu lindern.

Auch unsere spirituellen Vorfahren haben uns ihre guten und weniger guten Energien übertragen.

So denke ich gern noch an den Pfarrer meines Heimatdorfes zurück, der ein sehr gütiger und mitfühlender Mensch war. Ich denke auch an meine Mutter, die jeden Abend an unser Bett kam und mit uns betete, als wir noch kleine Kinder waren. Diese Gebete halfen mir, alle meine Sorgen an eine höhere Macht abzugeben.

Aber auch unsere spirituellen Vorfahren waren oft nicht vollkommen, und manche von ihnen haben sogar ähnlich tiefe Wunden in uns verursacht wie unsere blutsverwandten Vorfahren.

Wenn wir an die Vorfahren unseres Landes denken, dann sehen wir all die Menschen, die viel Sorgfalt und Mühe aufgebracht haben, die schwer arbeiten mussten, um dieses Land mit seiner ganzen Infrastruktur mit Schulen, Straßen und Krankenhäusern, einer Gesetzgebung, Sozialversicherung und Kultur aufzubauen. Wir sehen aber auch die Grausamkeit, Rachsucht und Gewalttätigkeit unserer Landesvorfahren, die in Deutschland zu Nazidiktatur und Holocaust geführt haben.

Wenn wir uns dieser schwierigen Energien unserer Vorfahren in uns zunehmend bewusst werden und wenn wir bereit sind, sie zu transformieren, brauchen wir immer weniger Angst davor zu haben, dass uns diese Energien dominieren und wir sie bewusst oder unbewusst weitergeben. Wir können dann immer mehr die vielen wunderbaren Energien all unserer Vorfahren in uns erkennen und zu schätzen lernen und unsere Bereitschaft stärken, diese Samen in uns zu entwickeln und weiterzugeben.

Aber auch die Nahrungsmittel, die wir zu uns nehmen, können wir als unsere Vorfahren begreifen: jede Karotte, Nudel, jedes Gemüse, Obst, Tofu oder Fleisch, alles, was wir essen und trinken, lässt uns am Leben bleiben, genauso wie die Elemente der Erde, des Wassers, der Luft, der Sonne und des Mondes, die an der Entstehung dieser Nahrungsmittel beteiligt sind.

Alles trägt dazu bei, dass wir leben – ohne diese Energien gäbe es uns nicht.

Diese geleitete Meditation hilft uns dabei, uns wieder unserer Wurzeln, das heißt der Energien unserer Vorfahren in uns, bewusst zu werden und aus einem Gefühl der Einsamkeit und Isolation herauszukommen, das viele von uns immer wieder heimsucht.

1. Einatmend spüre ich, wie ich einatme.
   Ausatmend spüre ich, wie ich ausatme.

2. Einatmend bin ich mir aller wunderbaren Eigenschaften meiner Mutter bewusst.
   Ausatmend lächle ich allen wunderbaren Eigenschaften meiner Mutter in mir zu.

3. Einatmend bin ich mir aller schwierigen Eigenschaften meiner Mutter bewusst.
   Ausatmend lächle ich allen schwierigen Eigenschaften meiner Mutter in mir voller Mitgefühl zu.

4. Einatmend bin ich mir aller wunderbaren Eigenschaften meines Vaters bewusst.
   Ausatmend lächle ich allen wunderbaren Eigenschaften meines Vaters in mir zu.

5. Einatmend bin ich mir aller schwierigen Eigenschaften meines Vaters bewusst.
   Ausatmend lächle ich allen schwierigen Eigenschaften meines Vaters in mir voller Mitgefühl zu.

6. Einatmend bin ich mir all der wunderbaren Eigenschaften meiner spirituellen Vorfahren bewusst,
   aller Menschen, die mir auf dem Pfad des Verstehens

und der Liebe weitergeholfen haben – im direkten
Kontakt oder in Form von Büchern oder Filmen.
Ausatmend bringe ich den Schwächen meiner spiritu-
ellen Vorfahren in mir Mitgefühl entgegen.

7. Einatmend bin ich mir all der wunderbaren Eigenschaften der Vorfahren meines Landes bewusst.
Ausatmend bin ich bereit, ihre Gewalttätigkeit und
ihren Rassismus in mir zu transformieren.

8. Einatmend erinnere ich mich an die unzähligen
Elemente, die ich heute mit meiner Nahrung zu mir
genommen habe: Haferflocken, Obst, Joghurt, Käse,
Nudeln, Reis, Gemüse.
Ausatmend bedanke ich mich bei all diesen Energien
und lächle ihnen zu.

9. Einatmend erinnere ich mich an all die Energien,
die diese Nahrungsmittel hervorgebracht haben:
Erde, Wasser, Luft, Sonne, Landarbeiter/innen, Ver-
käufer/innen.
Ausatmend bedanke ich mich bei all diesen Energien
und lächle ihnen zu.

10. Einatmend spüre ich die Festigkeit der Erde unter mir.
Ausatmend fühle ich mich verbunden mit allen
Wesen, die mit mir in diesem Augenblick auf dieser
Erde leben, und lächle ihnen zu.

Mit der Freude und dem Schmerz in der Welt und in mir in Berührung sein

Ein frischer, strahlender Morgen im Mai. Überall sprießt und blüht es grün, gelb, weiß, blau und rot. Ich fahre in die Stadt: ein Besuch bei einer homöopathischen Ärztin, ein Gang über den kleinen Mittwochsmarkt am Hohenzollernplatz. Welch ein zauberhafter Morgen. Licht und Schatten wechseln sich auf dem Gehsteig ab.

Vor dem Haus Nassauische Straße 61 sehe ich 19 goldene Pflastersteine in der Sonne leuchten. Ich kenne diese Steine. Ich habe auch vor einigen Jahren einige »Stolpersteine«, wie der Künstler seine goldenen Pflastersteine nennt, in meinem Stadtbezirk eingravieren und einlegen lassen. Sie sollen an die Menschen erinnern, die von den Nationalsozialisten ermordet wurden. Ich zähle noch einmal nach: Es sind wirklich 19 goldene Pflastersteine.

Ich lese die Namen: Margarete und Siegfried Levy am 19. 4. 1943 nach Ausschwitz deportiert und dort ermordet; Marianne Klatt, vor der Deportation Flucht in den Tod; Amalie Sorauer, deportiert 1942 nach Theresienstadt und 1943 dort ermordet; Georg und Max Blumenfeld 1942 nach Sobibor und Treblinka deportiert und dort ermordet; Margarete Stern 1942 deportiert und ermordet in Theresienstadt ...

In mir fängt es leise an zu schluchzen. Ich spüre diese Menschen in mir, ihre Angst, ihre Verzweiflung, die Panik, als sie abgeholt werden, ich denke an die Enge und den Gestank in den Deportationszügen, ihren Hunger, ihren Durst, die Rampe in Auschwitz. Ich denke an die Qual des Zusammengepfercht-Seins in den Unterkünften, die Kälte, den Hunger, das Ersticken im Gas.

Es gab Wochen in meinem Leben, wo diese Szenen jeden Tag aus meinem Inneren hochkamen. Ich spüre eine ungemein große Liebe zu all diesen Menschen, die so gelitten haben.

Im Buddhismus heißt es: Bewusstsein existiert nicht nur individuell, sondern auch kollektiv. Ich spüre einen unglaublichen Schmerz, dass diese Gewalttätigkeiten hier in dieser Stadt, in diesem Land möglich waren, und ich spüre große Erleichterung, Dankbarkeit und Freude, dass dies jetzt ein anderes Land und eine andere Stadt sind, obwohl es auch das gleiche Land und die gleiche Stadt sind. Ich bin froh über diesen kleinen Schimmer der Freiheit: Transformation ist möglich, individuell und kollektiv.

Ich bin so froh, dass ich diesen Weg für mich gefunden habe, der zu mehr Frieden in mir und in der Welt beiträgt.

Ich öffne die Autotür, verstaue meine Einkäufe und setze mich neben meinen netten, kleinen Dackel, streichle ihn und freue mich über seine Lebendigkeit.

In mir fängt es an zu singen, ein Lied, das wir in unserem Zentrum, der »Quelle des Mitgefühls«, vor allem dann singen, wenn jemand von uns gerade sehr mit dem Schmerz in sich selbst oder in der Welt in Berührung kommt:

My joy's like spring so warm,
it makes flowers bloom all over the earth
My pain's like a river of tears, so vast it fills the four
oceans …

Meine Freude ist wie der Frühling so warm,
dass sie Blumen auf der ganzen Erde erblühen lässt.
Mein Schmerz ist wie ein Tränenstrom, so mächtig,
dass er alle vier Meere auffüllt …[3]

Diese geleitete Meditation hilft uns, mit der Freude und
dem Schmerz in uns und in der Welt in Berührung zu sein
und durch unsere Art und Weise des Denkens, Sprechens
und Handelns dazu beizutragen, diesen Schmerz zu redu-
zieren.

1. Einatmend spüre ich, wie ich einatme.
   Ausatmend spüre ich, wie ich ausatme.

2. Einatmend bin ich bereit, die Wunder des Lebens
   zu sehen und mich daran zu erfreuen: die frischen
   grünen Büsche und Bäume, die bunten Frühlings-
   blumen in den Vorgärten.
   Ausatmend lächle ich.

3. Einatmend freue ich mich über die Freude der
   Marktfrau, als ich ihr fünf Paar Strümpfe abkaufe.
   Ausatmend lächle ich.

---

3 Thich Nhat Hanh, *Nenne mich bei meinen wahren Namen*, Mün-
   chen: Knaur 2010

4. Einatmend spüre ich meine Zärtlichkeit für alles
   Leben.
   Ausatmend lächle ich.

5. Einatmend bin ich bereit, alles zu tun, um alles Leben
   zu schützen und zu kultivieren, so gut ich das vermag.
   Ausatmend lächle ich.

6. Einatmend weiß ich, dass die Samen der Verzweiflung,
   des Hasses und der Rachsucht tief in meinem Speicherbewusstsein ruhen.
   Ausatmend bin ich bereit, diese Samen nicht zu
   nähren, sondern sie zu transformieren, wenn sie sich
   manifestieren.

7. Einatmend weiß ich, dass die Samen der Verzweiflung,
   des Hasses und der Rachsucht tief im kollektiven
   Bewusstsein dieser Gesellschaft ruhen.
   Ausatmend bin ich bereit, meinen Teil dazu beizutragen, dass sie nicht genährt werden

8. Einatmend bin ich bereit, mit den unzähligen Wesen
   in Verbindung zu sein, die jetzt in diesem Augenblick
   leiden.
   Ausatmend bin ich bereit, alles zu tun, um das Leiden
   in der Welt lindern zu helfen.

9. Einatmend spüre ich, wie ich einatme.
   Ausatmend spüre ich, wie ich ausatme.

Umgehen mit schwierigen Gefühlen

Es ist wichtig, sich auch den von uns als schwierig empfundenen Gefühlen zuzuwenden und sie nicht zu verdrängen oder auszublenden. Um dazu in der Lage zu sein, ist es gut, zunächst durch Atemmeditation oder Gehmeditation all die Energien in uns zu nähren, die uns Stabilität, Gelassenheit und Freude bringen.

Wir können uns auch klar machen, dass alle Geisteshaltungen als Samen in unserem Speicherbewusstsein liegen (als heilsame, unheilsame oder neutrale Samen) und aufgrund von bestimmten Bedingungen in unserem aktuellen Geistbewusstsein in Erscheinung treten.

Als Erstes ist es wichtig, die schwierigen Geisteshaltungen zu erkennen, uns ihrer bewusst zu sein, wenn sie da sind, und sie nicht zu verdrängen, indem wir sagen: »Ich bin doch gar nicht ärgerlich«, oder »Ich bin doch nicht enttäuscht, gierig oder verzweifelt«, sondern uns einzugestehen: »Aha jetzt ist Verzweiflung, Gier, Ungeduld, Ärger, Unsicherheit, Verwirrung oder Enttäuschung da.«

Das ist der erste Schritt: achtsam zu sein in Bezug auf die Geisteshaltung, die jetzt da ist.

Der zweite Schritt heißt: Wir spüren unseren Atem und nehmen die körperlichen Empfindungen bei der Ein- und Ausatmung wahr, oder wir spüren ganz bewusst jeden Schritt, den wir ausführen.

Dadurch sammeln wir unseren Geist in einem neutralen bzw. angenehmen Vorgang, und das erzeugt schon nach wenigen Minuten der Übung etwas Stabilität und Frische in Körper und Geist.

Mit dem dritten Schritt bringen wir unseren schwierigen Geisteszuständen Mitgefühl, Geduld und Verstehen entgegen. Das heißt, wir beziehen uns ganz direkt auf die Qualitäten des erwachten Geistes, wir rufen sie an: »Liebes

Mitgefühl, liebes Verstehen, bitte helft mir mit dieser Verzweiflung, mit dieser Gier, mit diesem Ärger!«

Uns wird im Laufe der Zeit immer deutlicher, dass wir durch unsere Achtsamkeit und durch die Entwicklung von Mitgefühl und Verstehen die Freiheit entwickeln, uns nicht von negativen Gefühlen vereinnahmen zu lassen, und wir so damit aufhören können, dauernd die Geschichte zu wiederholen, die zu diesen Gefühlen geführt hat.

Wir sind bereit, die CD oder Platte im Kopf mit der immer gleichen Melodie endlich mal zu wechseln. Und diese Übung kann mit der Zeit sogar richtig Spaß machen.

Wenn wir auf diese Weise regelmäßig mit unseren schwierigen Geisteszuständen üben, sobald sie auftauchen, werden sie geschwächt in unser Speicherbewusstsein absinken. Wir fangen so an, sie auf einer tiefen Ebene zu heilen, und alte, leidbringende Strukturen können sich allmählich auflösen.

Diese geleitete Meditation hilft uns, mit unseren schwierigen Gefühlen umzugehen.

1. Einatmend spüre ich, wie ich einatme.
   Ausatmend spüre ich, wie ich ausatme.

2. Einatmend spüre ich die ganze Länge der
   Einatmung.
   Ausatmend genieße ich die ganze Länge der
   Ausatmung.

3. Jede bewusste Einatmung bringt mir Frische in
   Körper und Geist.
   Jede bewusste Ausatmung hilft mir beim Loslassen.

145

4. Einatmung bin ich mir des Gefühls der Enttäuschung bewusst.
   Ausatmend umarme ich meine Enttäuschung voller Mitgefühl.

5. Einatmend bin ich mir des Gefühls des Ärgers bewusst.
   Ausatmend umarme ich meinen Ärger voller Mitgefühl.

6. Einatmend bin ich mir des Gefühls der Verzweiflung bewusst.
   Ausatmend umarme ich meine Verzweiflung voller Mitgefühl.

7. Einatmend bin ich mir des Gefühls der Unsicherheit bewusst.
   Ausatmend umarme ich meine Unsicherheit voller Mitgefühl.

8. Einatmend bin ich mir des Gefühls der Gier bewusst.
   Ausatmend umarme ich meine Gier voller Mitgefühl.

9. Einatmend bin ich mir meiner Haltung der Achtsamkeit und des Mitgefühls bewusst.
   Ausatmend lächle ich der Achtsamkeit und dem Mitgefühl in mir zu.

10. Einatmend bin ich mir der Kostbarkeit meiner Übung der Achtsamkeit und des Mitgefühls bewusst.
    Ausatmend lächle ich.

Gefühlsbetrachtung:
Ist das angenehm, unangenehm
oder neutral?

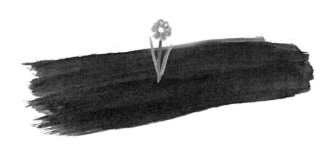

Die Gefühlsbetrachtung (*vedana*) gehört zur zweiten Grundlage der Achtsamkeit, wie sie der Buddha in der Satipatthana Sutra beschrieben hat.

Mit Gefühl ist in diesem Fall nicht eine Emotion gemeint, sondern ein Wissen darüber, ob das, was ich gerade erlebe, angenehm, unangenehm oder neutral ist; manche Lehrenden sprechen hier auch von Gefühlstönung.

Die erste Ebene der Gefühlsbetrachtung bezieht sich auf den Körper, das heißt, ich kann alle fünf Sinnestätigkeiten wahrnehmen und erkennen, ob das, was ich spüre, rieche, sehe, schmecke oder höre, angenehm, unangenehm oder neutral ist.

Dabei kann ich die Tendenz bemerken, dass der Geist natürlich immer auf der Suche nach angenehmen Empfindungen ist und aus dem Unangenehmen so schnell wie möglich herauskommen will, das heißt auf der Flucht ist. Neutrale Empfindungen sind uns als solche meist gar nicht bewusst, obwohl die meisten Empfindungen, die wir im Laufe des Tages erleben neutraler Natur sind.

Die zweite Ebene der Gefühlsbetrachtung bezieht sich auf den Geist. Geisteshaltungen wie Güte, Mitgefühl, Freude, Gelassenheit, Großzügigkeit sind angenehm für uns. Unruhe, Aufgeregtheit, Verzweiflung, Ärger, Stolz oder Minderwertigkeitsgefühle sind unangenehm und führen zu Leid, wenn wir uns von ihnen dominieren lassen, sie ausagieren oder sie verdrängen.

Neutral bezieht sich darauf, dass wir zum Beispiel keine Freude, aber auch keinen Ärger empfinden, aber das ist uns sehr oft gar nicht bewusst.

Die Betrachtung der Vergänglichkeit von angenehmen, unangenehmen oder neutralen Gefühlen hilft uns, nicht allzu sehr an Angenehmem anzuhaften und nicht allzu sehr das Unangenehme zu verdrängen oder zu fliehen.

Als Übung können wir uns vornehmen, einmal einen ganzen Tag oder eine Woche lang die Gefühlstönungen angenehm, unangenehm oder neutral zu beobachten.

Das könnte so aussehen:
• Ein Telefonanruf. Eine Dharmafreundin möchte mit mir über eine schwierige Situation sprechen. Ich höre zu, frage sie und sage etwas dazu. Es hilft ihr, die Situation besser zu verstehen, eine Verwicklung löst sich bei ihr, und sie ist ganz erleichtert. Sie sagt zu mir: »Dieses Gespräch hat mir so geholfen. Vielen, vielen Dank ...«

Ihre wertschätzenden Worte bringen ein angenehmes Gefühl in meinem Geist hervor.

• Eine meiner Mitbewohnerinnen sagt mit leicht gereizter Stimme: »Ich fand das gar nicht gut, dass du …«
Ich bemerke: Das Gefühl der Gereiztheit lässt ein unangenehmes Gefühl in mir entstehen.

• Ich schneide mir ein Stück Brot ab und kann bemerken, dass dieser einfache Vorgang ein neutrales Gefühl in mir hervorbringt.

Die Übung der Achtsamkeit hilft uns, die jeweilige Gefühlstönung angenehm, unangenehm oder neutral bezüglich unseres Körpers und unseres Geistes wie in einem Spiegel wahrzunehmen. Einfach nur wahrnehmen und nicht immer gleich gemäß unserer Gewohnheitsenergien auf diese Gefühlstönungen reagieren ist für unseren Geist ungemein erholsam. Dadurch entsteht ein weiter Raum der Freiheit in unserem Geist, der uns die Möglichkeit gibt, in einer gegebenen Situation friedvoll, mitfühlend, liebevoll und gelassen zu agieren:

Ich ging einmal an einem wunderschönen Sommertag an den Lietzensee, dem nächsten See mit Park von meiner damaligen Wohnung aus. Der See leuchtete in der Sonne, Kinder spielten im Gras, die Menschen saßen auf den Bänken oder auf der Wiese, durch die Büsche und Bäume wehte ein leichter Sommerwind. Eine sehr friedvolle Atmosphäre.

Ich war guter Stimmung und hatte mir vorgenommen, mich einfach auf eine Bank zu setzen, meinen Atem zu spüren und die Schönheit des Tages zu genießen. Alle Bänke aber waren besetzt, nur auf einer saß ein Mann mittleren Alters alleine.

Als ich näher kam, wurde mir gleich klar, weshalb sich niemand zu ihm gesetzt hatte. Der starke Geruch von Urin und Alkohol, der von ihm ausging, zusammen mit der Flasche, die neben ihm stand, luden nicht unbedingt zum Verweilen ein. Ich spürte ein unangenehmes Gefühl in mir aufsteigen, wegen des Geruchs und wegen des Anblicks, und bezeichnete es einfach in meinem Geist: »Aha, unangenehmes Gefühl.« Ich wusste durch mein Achtsamkeitstraining, was bei unangenehmen Gefühlen passiert: Fluchtgedanken kommen auf …

Dann fielen mir einige Sätze aus der Metta-Meditation ein, bei denen es darum geht, sich zu bemühen, allen Wesen, »ob groß oder klein, lang oder kurz« – ich fügte hinzu, »angenehm oder unangenehm riechend« bedingungslose Liebe entgegenzubringen.

Das spornte mich dazu an, jetzt, genau in dieser Situation mit mir selbst und diesem Mann zu üben.

Ich begrüßte ihn und fragte, ob ich mich zu ihm setzen dürfe. Er freute sich sehr, und wir kamen ins Gespräch. Ich spürte meinen Atem und hörte, was er mir aus seinem Leben erzählte: Er war Schlachter gewesen und hatte das Leid, das er den Tieren jeden Tagen zufügte, nicht mehr aushalten können. Ihre Schreie hörte er noch im Schlaf und spürte ihre Verzweiflung und ihre Angst. Er fing zu trinken an und gab seine Stelle im Schlachthof auf, fand aber auch keine andere Arbeit mehr oder nur sehr kurzfristig, weil er mittlerweile alkoholabhängig geworden war, da er nur so sein Leiden um die geschlachteten Tiere zu betäuben wusste.

Mich berührte seine Erzählung sehr und ich bedankte mich für seine Offenheit. Er war ganz glücklich, weil ich ihm zugehört hatte und er sich dadurch nicht mehr ausgeschlossen fühlte von der friedvollen Atmosphäre des Parks.

Diese geleitete Meditation hilft uns, uns der Gefühle (angenehm, unangenehm, neutral) bewusst zu werden, die mit jedem körperlichen und geistigen Vorgang einhergehen.

1. Einatmend spüre ich, wie ich einatme
   Ausatmend genieße ich meine Ausatmung.

2. Einatmend bin ich mir der angenehmen Gefühle
   in meinem Körper bewusst (zum Beispiel leichtes
   Strömen oder Pulsieren).
   Ausatmend weiß ich um die Vergänglichkeit dieser
   angenehmen Gefühle und lächle ihnen zu.

3. Einatmend bin ich mir der unangenehmen Gefühle
   in meinem Körper bewusst (zum Beispiel Kopf- oder
   Knieschmerzen).
   Ausatmend weiß ich um die Vergänglichkeit dieser
   unangenehmen Gefühle und lächle ihnen zu.

4. Einatmend bin ich mir der neutralen Gefühle in meinem Körper bewusst (zum Beispiel keine Schmerzen).
   Ausatmend weiß ich um die Vergänglichkeit dieser
   neutralen Gefühle und lächle ihnen zu.

5. Einatmend bin ich mir der angenehmen Geisteshaltungen bewusst (zum Beispiel Konzentration,
   Freude, Wertschätzung).
   Ausatmend möchte ich sie nähren und lächle
   ihnen zu.

6. Einatmend bin ich mir der unangenehmen Geisteshaltungen bewusst (zum Beispiel Ärger, Verzweiflung,
   Ängste).
   Ausatmend begegne ich ihnen mit Geduld und lächle
   ihnen zu.

7. Einatmend bin ich mir der neutralen Geisteshaltungen
   bewusst (zum Beispiel Bemerken, Aufmerksamkeit).
   Ausatmend lächle ich ihnen zu.

8. Einatmend höre ich den Gesang der Vögel an einem
   Frühlingsmorgen.
   Ausatmend weiß ich, dass dieser Gesang angenehme
   Gefühle in mir auslöst, und lächle ich ihnen zu.

9. Einatmend höre ich das Geräusch einer gereizten
   Stimme.
   Ausatmend weiß ich, dass diese Stimme unangenehme
   Gefühle in mir hervorbringt, und lächle ihr zu.

10. Einatmend spüre ich wie ich das Brot abschneide.
    Ausatmend bin ich mir bewusst, dass dieser Vorgang
    mit einem neutralen Gefühl einhergeht.

11. Einatmend beobachte ich den Strom der unterschied-
    lichen Gefühle in mir.
    Ausatmend lächle ich.

Neutrale Gefühle in Körper und Geist als Anlass zu Freude und Mitgefühl

Bei dieser Meditation geht es darum, dass wir uns der neutralen Gefühle in Körper und Geist wirklich bewusst werden und uns über sie freuen.

Die Erinnerung an unangenehme Zeiten in unserem Leben, in denen wir irgendwo im Körper Schmerzen hatten oder wir unseren Geist von schwierigen Gefühlen beherrschen ließen, lässt Freude in unserem Geist entstehen, wenn gerade keine körperlichen oder geistigen Schmerzen vorhanden sind.

Thich Nhat Hanh weist uns darauf hin, dass das Gewahrsein für unsere neutralen Gefühle, zum Beispiel in diesem Augenblick, keine Kopf-, Zahn- oder Rückenschmerzen, keine Verzweiflung oder kein Gefühl des Ärgers zu haben, ein guter Anlass für Freude ist.

Oft trauen wir uns dann aber gar nicht richtig, uns an unseren neutralen Gefühlen zu erfreuen, weil wir wissen, während wir gehen können, gibt es andere Menschen, die im Rollstuhl sitzen; während wir sehen können, gibt es andere Menschen, die sich mit dem Blindenstock durch die Straßen tasten; während wir durch gutes, nahrhaftes Essen unseren Hunger stillen können, gibt es Millionen von Menschen, darunter viele Kinder, die unter Hunger oder Durst leiden oder aufgrund von mangelnder Nahrung oder verseuchtem Trinkwasser schwer erkranken oder sogar sterben.

Oder wenn wir das auf den Geist beziehen: In dem Augenblick, in dem unser Geist ruhig, leicht und friedvoll ist, gibt es Millionen von Menschen, die unter Depressionen, Verzweiflung, Begehren, Eifersucht, Rachsucht und Hassgefühlen leiden.

Dann können wir einen Schritt weitergehen und unser Herz für all die Menschen öffnen, die gerade unter körperlichen oder geistigen Schmerzen leiden oder die sich in bedrückenden, schwierigen Lebenssituationen befinden. Wir können schauen, was wir mit unseren Mitteln und Möglichkeiten dazu beitragen können, dass das Leiden in unserer näheren oder ferneren Umgebung abnimmt.

Diese geleitete Meditation hilft uns, ganz bewusst neutrale Gefühle auf der körperlichen und geistigen Ebene wahrzunehmen und Freude und Verbundenheit mit anderen entstehen zu lassen.

1. Einatmend spüre ich, wie ich einatme.
   Ausatmend spüre ich, wie ich ausatme.

2. Einatmend bin ich mir bewusst, dass ich gerade keine Kopfschmerzen habe.
   Ausatmend freue ich mich und lächle mir zu.

3. Einatmend bin ich mir bewusst, dass ich gerade keine Knieschmerzen habe.
   Ausatmend freue ich mich und lächle mir zu.

4. Einatmend bin ich mir bewusst, dass ich gerade nicht in einer Kriegssituation lebe, und freue mich darüber.
   Ausatmend schicke ich allen Wesen, die in diesem Augenblick unter einer Kriegssituation leiden, mein Mitgefühl.

5. Einatmend weiß ich, dass ich heute zu essen haben werde, und freue mich, meinen Hunger stillen zu können.
   Ausatmend schicke ich allen Wesen mein Mitgefühl, die heute hungrig sein werden.

6. Einatmend spüre ich den sanften Sommerwind auf meinem Gesicht.
   Ausatmend lächle ich.

7. Einatmend höre ich in der Ferne die Geräusche von spielenden Kindern.
   Ausatmend lächle ich.

8. Einatmend bin ich mir der Kostbarkeit meiner Übung der Achtsamkeit und des Mitgefühls bewusst.
   Ausatmend genieße ich diesen Augenblick.

Acht weltliche Winde –
Umgehen mit den Aufs und Abs
in unserem Leben

In der Sutra über das Glück heißt es: »In der Welt leben, ohne sich von ihr ablenken zu lassen, frei von Sorgen und im Frieden weilen – das ist das größte Glück.«

»Wunderbar«, sagen wir da vielleicht, »aber wie machen wir das bitte schön?«

Wir alle werden immer wieder von den, wie der Buddha sie genannt hat, acht weltlichen Winden: Glück-Unglück, Ehre-Unehre, Gewinn-Verlust, Lob-Kritik gestreichelt, gewiegt, geschubst oder richtig stark geschüttelt und gerüttelt. Es ist wichtig, dass wir lernen, geschickt mit ihnen umzugehen.

Am liebsten wollen wir immer nur den ersten Teil der Winde erleben, den angenehmen – Glück, Ehre, Gewinn und Lob – und tun alles, damit sich dieser einstellt. Das ist ganz natürlich.

Doch wenn wir Glück, Ehre, Gewinn und Lob erfahren, besteht die Gefahr, dass wir schnell abheben, stolz, hochmütig und selbstgerecht werden und auf andere herabschauen. Das aber stärkt in uns ungute, leidvolle Gefühle des Getrenntseins von anderen Menschen.

Deshalb sollten wir bei aller Freude beim Erleben dieser vier angenehmen weltlichen Winde achtsam sein für die Gefühle, die sie in uns wachrufen.

Unter dem zweiten Teil der weltlichen Winde: Unglück, Unehre, Verlust, Kritik leiden wir meist offensichtlich. Wir

erleben diese Winde als ziemlich unangenehm und sehr verunsichernd. Und sie können zu großer Verzweiflung, Wut, Rachegefühlen, Minderwertigkeitsgefühlen oder Depressionen führen.

Wenn uns ein Unglück trifft oder wir Unehre, Verlust und Kritik erleben, erfahren wir, dass wir viele Dinge nicht unter Kontrolle haben.

Die wenigsten von uns können dann ehrlich sagen: »Ach, das ist nur einer der weltlichen Winde, der mich gerade fast umweht.«

Bei den unangenehmen weltlichen Winden gibt es nur eines: Wir dürfen die schwierigen Gefühle, die sie in uns auslösen, nicht verdrängen, sondern müssen sie bemerken und in unserer Achtsamkeit halten. Darin können wir uns üben.

Wir können diese Gefühle spüren, wie sie sich auf der körperlichen Ebene ausdrücken, ob uns heiß wird vor Ärger oder sich die Kehle zusammenschnürt vor Angst oder ob wir ganz matt sind vor Verzweiflung. Dann wenden wir uns der Ein- und Ausatmung ganz bewusst zu und lösen damit etwas den Widerstand gegen das unangenehme Gefühl auf der körperlich-geistigen Ebene. Als Nächstes bringen wir dieser Angst, dieser Verzweiflung, diesem Ärger, diesem Minderwertigkeitsgefühl aufgrund eines Misserfolgs, einer Kritik oder Ähnlichem unser uneingeschränktes Mitgefühl entgegen.

Wenn wir nur die Frage stellen: »Kann ich meiner Angst, Verzweiflung, meinem Minderwertigkeitsgefühl, meinem Ärger Mitgefühl entgegenbringen?«, oder »Kann ich meiner Angst usw. zulächeln?«, stoppen wir die Identifikation mit diesen Gefühlen und steigern uns nicht weiter in sie hinein. Das übliche Drama wird unterbrochen, wir wechseln die CD.

In dem Augenblick, in dem wir der Verzweiflung Achtsamkeit und Mitgefühl an die Seite stellen, kann sie nicht mehr Amok laufen, sondern sie hat jetzt gute Freundinnen – die Achtsamkeit und das Mitgefühl –, die ihr beistehen, und kann sich mit deren Hilfe auflösen. So können wir uns mitten in einem schwierigen weltlichen Wind entspannen und brauchen keine Angst mehr vor ihm zu haben.

Die unangenehmen weltlichen Winde geben uns die wunderbare Gelegenheit, Mitgefühl zu entwickeln – für uns und für andere Wesen, die ihnen genauso ausgesetzt sind wie wir selbst.

Diese geleitete Meditation hilft uns, mit den Aufs und Abs in unserem Leben geschickter umzugehen und uns nicht in leidvolle Reaktionen zu verwickeln, die uns selbst und andere leiden lassen.

1. Einatmend spüre ich, wie ich einatme.
   Ausatmend spüre ich, wie ich ausatme.

2. Jede bewusste Einatmung bringt mir Stabilität.
   Jede bewusste Ausatmung bringt mir Gelassenheit.

3. Einatmend bin ich mir eines Misserfolgs/Unglücks bewusst.
   Ausatmend umarme ich mich voller Mitgefühl.

4. Einatmend bin ich mir aller Menschen bewusst, die heute einen Misserfolg/ein Unglück erlebt haben.
   Ausatmend fühle ich mich mit all diesen Menschen verbunden und lächle ihnen zu.

5. Einatmend bin ich mir eines Verlustes bewusst –
   (Arbeitsplatz, Gesundheit, lieber Mensch).
   Ausatmend lächle ich mir selbst voller Mitgefühl zu.

6. Einatmend bin ich mir aller Menschen bewusst,
   die heute einen Verlust erlitten haben.
   Ausatmend fühle ich mich mit all diesen Menschen
   verbunden und lächle ihnen voller Mitgefühl zu.

7. Einatmend bin ich mir einer schmerzhaften Kritik
   bewusst.
   Ausatmend lächle ich mir voller Mitgefühl zu.

8. Einatmend bin ich mir aller Menschen bewusst,
   die heute eine schmerzhafte Kritik erfahren haben.
   Ausatmend fühle ich mich mit all diesen Menschen
   verbunden und lächle ihnen zu.

9. Einatmend bin ich mir der Kostbarkeit meiner
   geistigen Übung der Achtsamkeit und des Mitgefühls bewusst.
   Ausatmend lächle ich.

Mit einem kleinen Verzweiflungsanfall bei der Arbeit üben

Ich habe mir vorgenommen, meinen Schreibtisch aufzuräumen und bemerke, wie mich dabei ein kleiner Verzweiflungsanfall erfasst.

Rechts und links häufen sich Notizen, Vorträge, amtliche Schreiben und Mitteilungen, Kontoauszüge, Rechnungen und Briefe. In der Mitte gibt es noch etwas Freiraum, um zu schreiben … und links im Regal stehen die vielen Ordner zur Ablage bereit, aber eigentlich sind es nie genug Ordner. Im Grunde müsste ich schon wieder einen neuen Ordner anlegen, denn der Bereich, der gerade dieses Schreiben betrifft, ist von meinem System noch nicht erfasst.

»Annabelle, entspanne dich, atme und lächle. In vierzig Jahren umschmeicheln die Würmer deine Knochen und spielen Verstecken in deinen Augenhöhlen …«

In der ersten Grundlage der Achtsamkeit erläutert der Buddha im neunten Punkt auf eine ziemlich drastische Art und Weise die Leichnamsbetrachtung. Thich Nhat Hanh sagt in einem Kommentar dazu, wir sollten diese Meditation nicht Menschen empfehlen, die sehr niedergeschlagen oder depressiv sind. Ich aber habe nur einen Verzweiflungsanfall, und da ist sie hilfreich.

Ich erinnere mich an die Übung, meine Verzweiflung voller Mitgefühl zu umarmen, und dann denke ich an alle Menschen, die in viel schwierigeren Situationen sind als ich mit meinem überladenen Schreibtisch, und schicke ihnen mein Mitgefühl. Diese Übung relativiert und transformiert meine Identifikation mit dem Gefühl der Verzweiflung.

Ich kehre zurück zur Leichnamsbetrachtung.

Diese Praxis ist eine starke Medizin und zaubert manchmal ein tiefes, zärtliches Lächeln in mir hervor und manchmal schüttle ich mich vor Lachen, wenn ich an sie denke, denn sie hilft mir sehr, mich nicht so wichtig zu nehmen.

Ich fange an, achtsam und in aller Ruhe ein Schreiben nach dem anderen anzuschauen und abzulegen und die Papiere auf einem Haufen zu sammeln, die ich jetzt noch nicht beantworten oder noch nicht einordnen kann und die ich meist nach zwei Monaten dem Papierkorb anvertraue.

Diese geleitete Meditation hilft uns, schwierige Gefühle zu erkennen, zu relativeren und uns mit allen Wesen, die diese Gefühle auch erleben, verbunden zu fühlen.

1. Einatmend weiß ich, dass ich einatme.
   Ausatmend weiß ich, dass ich ausatme.

2. Einatmend merke ich, wie meine Arbeit ein Gefühl der Verzweiflung in mir auslöst.
   Ausatmend frage ich: Kann ich mich in dieser Situation entspannen und mir selbst zulächeln?

3. Einatmend bin ich mir bewusst, dass in 40, 50 oder 60 Jahren die Würmer meine Knochen umschmeicheln.
   Ausatmend lächle ich mir selbst zu.

4. Einatmend bin ich bereit, meine Verzweiflung voller Mitgefühl zu umarmen.
   Ausatmend denke ich voller Mitgefühl an die

unzähligen Menschen, die sich jetzt im Augenblick
in viel schwierigeren Situationen befinden als ich.

5. Einatmend gehe ich mit frischem Mut und großer
   Achtsamkeit an meine Arbeit.
   Ausatmend spüre ich meine Füße auf dem Boden.

6. Einatmend freue ich mich über meine geistige Übung
   der Achtsamkeit und des Mitgefühls.
   Ausatmend lächle ich.

Stimmt unsere Wahrnehmung wirklich?

Der Buddha sagt uns, dass wir unsere Wahrnehmungen immer wieder überprüfen sollten, da viele von ihnen falsch oder unzureichend sind.

Er beschreibt sechs Arten von Wahrnehmungen:
1. die Wahrnehmung, die sich auf das Sehen von Farben und Formen bezieht;
2. die Wahrnehmung, die sich auf das Hören von Tönen bezieht;
3. die Wahrnehmung, die sich auf das Riechen von Gerüchen bezieht;
4. die Wahrnehmung, die sich auf das Schmecken bezieht;
5. die Wahrnehmung die sich auf das Spüren von Berührungs- und Tastempfindungen bezieht;
6. die Wahrnehmung, die sich auf das Denken von Gedanken bezieht.

Der Buddha weist uns darauf hin, dass da, wo es Wahrnehmungen gibt, es auch Täuschungen gibt und dass diese Täuschungen zu Leiden führen.

Wenn wir fünfzehn Menschen zu der gleichen Situation befragen, bekommen wir wahrscheinlich fünfzehn unterschiedliche Geschichten von dieser Situation erzählt, deshalb ist bei unseren Wahrnehmungen stets große Vorsicht geboten. Wie viel Streit ist in Beziehungen schon aufgrund von unterschiedlichen Wahrnehmungen entstanden.

Statt in Rechthaberei zu verfallen, die uns und andere leiden lässt, könnten wir einfach nur sagen: »Oh, wir haben da offensichtlich ganz unterschiedliche Wahrnehmungen«, und uns zulächeln und in Frieden miteinander leben.

Am Ende eines Seminars habe ich verschiedene Kommentare in Bezug auf einen Teilnehmer gehört, in denen die unterschiedlichen Wahrnehmungen der anderen zum Ausdruck kamen.

Die eine Person sagte: »Er hat einige gute Aspekte in unsere Diskussion eingebracht. Ich fand seine Teilnahme sehr bereichernd.«

Eine andere sagte: »Er war mir total unsympathisch, ich vermute, dass er aus einer Nazifamilie kommt, weil er …«

Die dritte sagte: »Er kam mir so vertraut vor mit seinen dunklen Locken. Er erinnerte mich an meinen Sandkastenfreund Jürgen, dessen Mutter, meine Tante Ilse, sich in der Nazizeit auf der Schwäbischen Alb bei Bauern versteckte, weil sie Halbjüdin war …«

Eine vierte Person sagte: »Wir kamen in der Pause in ein Gespräch, das ich zuerst schwierig fand, aber dann wurde mir durch seine Erzählungen aus der Kindheit einiges klarer, und ich war ziemlich berührt, und meine Aversion löste sich vollkommen auf.«

Thich Nhat Hanh rät uns, bei unserer Wahrnehmung immer zwei Fragen zu stellen:
1. Kann ich mir sicher sein, dass meine Wahrnehmung stimmt?
2. Kann ich mir wirklich sicher sein?

Es ist wichtig, uns klarzumachen, dass unsere Wahrnehmungen von unseren Gewohnheitsenergien geprägt sind, die wir von unseren Vorfahren, unseren blutsverwandten, unseren spirituellen und den Vorfahren unseres Landes, unserem sozialen Umfeld, unserer Kultur und dem kollektiven Bewusstsein unserer Zeit mitbekommen haben.

Nur große Achtsamkeit in Bezug auf unsere Wahrnehmungen und der Austausch mit anderen darüber lässt uns erkennen, wie viele unterschiedliche Wahrnehmungen es über ein und dieselbe Situation geben kann. Durch Unachtsamkeit in Bezug auf unsere Wahrnehmungen kann großes Leid für uns und andere entstehen.

Thich Nhat Hanh empfiehlt: Immer wenn wir anfangs zu sicher sind in unserer Wahrnehmung, sollten wir Vorsicht walten lassen, daraus folgt nämlich meist Leiden.

Diese geleitete Meditation hilft uns, achtsam mit unseren Wahrnehmungen umzugehen und nicht allzu sehr an unseren Vorstellungen festzuhalten.

1. Einatmend bin ich mir meines ganzen Körpers bewusst.
   Ausatmend spüre ich alle Empfindungen in meinem Körper.

2. Einatmend bin ich mir meiner Wahrnehmungen in diesem Augenblick bewusst.
   Ausatmend frage ich mich: Kann ich mir meiner Wahrnehmungen wirklich sicher sein?

3. Einatmend höre ich, wie andere diese Situation wahrnehmen.

Ausatmend bin ich überrascht über diese unterschiedlichen Wahrnehmungen.

4. Einatmend bin ich bereit, nicht an meinen Wahrnehmungen festzuhalten.
   Ausatmend bin ich bereit, die Wahrnehmungen anderer genau anzuschauen und einzubeziehen.

5. Einatmend bin ich mir bewusst, dass meine Wahrnehmungen von meinen blutsverwandten, spirituellen und den Vorfahren meines Landes geprägt sind.
   Ausatmend lächle ich allen Vorfahren zu.

6. Einatmend weiß ich, dass meine Wahrnehmungen von dem herrschenden Zeitgeist meiner Kultur, meines Geschlechts und meines Kontinents geprägt sind.
   Ausatmend bin ich mir bewusst, dass Menschen anderer Kontinente ganz andere Wahrnehmungen haben.

7. Einatmend bin ich bereit, jegliche Konflikte wegen unterschiedlicher Wahrnehmungen zu vermeiden.
   Ausatmend lächle ich.

8. Einatmend bin ich mir der Kostbarkeit meiner geistigen Übung bewusst.
   Ausatmend lächle ich.

Unser eigenes Glück und das Glück anderer fördern: die Übung des Nicht-Verletzens

Wir alle sind in unserem Leben auf irgendeine Art und Weise durch andere Menschen verletzt worden – sei es auf der sprachlichen Ebene oder auf der Ebene der Handlungen. Und wenn wir genau hinschauen, erkennen wir, dass auch wir andere Wesen bewusst oder unbewusst verletzt haben.

Oft leiden wir unser ganzes Leben unter diesen Verletzungen oder andere leiden unter denen, die wir ihnen zugefügt haben. Sie wenden sich vielleicht von uns ab und wollen nichts mehr mit uns zu tun haben.

Verletzendes Verhalten erzeugt in unserem Geist sehr viel Unruhe, Aufgeregtheit, Minderwertigkeitsgefühle und schlechtes Gewissen.

Wenn wir mehr Frieden und Glück in unser Leben einladen möchten, gewinnt die Übung des Nicht-Verletzens eine zentrale Bedeutung auf unserem spirituellen Weg. Der Buddha hat uns fünf Übungen oder Richtlinien für ethisches Verhalten gegeben, die fünf Bereiche unseres Lebens betreffen. Die Übung des Nicht-Verletzens gibt uns viel Sicherheit in Bezug auf unser Verhalten, und auch andere Wesen fühlen sich bei uns sicher und geborgen, wenn sie spüren, dass wir sie nicht in Gedanken, Worten oder Handlungen angreifen oder verletzen wollen.

Auch wenn wir bei diesen Übungen oft bemerken, wie unvollkommen wir sind, sollten wir sie als Leitsterne in unserem Leben sehen, die uns die Richtung weisen.

Kleine oder größere Erfolge in unserer Übung des Nicht-Verletzens sollten uns Anlass zur Freude sein: zum Beispiel, wenn wir merken, dass wir seltener schlecht über andere reden oder sie im direkten Kontakt mit Worten herabsetzen. Diese Freude ist möglich, ohne dass wir dabei stolz, belehrend oder verurteilend gegenüber anderen werden.

Wenn eine Freundin zu mir kommt und sagt: »Annabelle, als du das und das gesagt hast, habe ich mich verletzt gefühlt«, tut mir das immer leid, weil ich ja niemanden verletzen will. Von daher fällt es mir meistens ziemlich leicht zu sagen: »Oh, das tut mir leid«, gleichgültig ob ich nun denke, dass dies vor allem Folge meiner eigenen Unzulänglichkeit war oder vielleicht einer Übersensibilität auf der anderen Seite.

Die fünf Achtsamkeitsübungen beziehen sich auf:
1. unsere Achtung vor dem Leben aller Wesen;
2. unsere Großzügigkeit, dass wir unsere Energien mit an-

deren teilen auf der materiellen und der immateriellen Ebene und dass wir andere nicht bestehlen oder ausbeuten;

3. unsere Verantwortung im Bereich der Sexualität;
4. ein achtsames und liebevolles Sprechen und offenes, nicht-urteilendes Zuhören;
5. den achtsamen Umgang mit Konsumgütern.

Diese geleitete Meditation hilft uns, andere Lebewesen zu achten und nicht zu verletzen, und trägt zu unserem eigenen und dem Frieden in unserer Gesellschaft bei.

1. Einatmend spüre ich, wie ich einatme.
   Ausatmend spüre ich, wie ich ausatme.

2. Einatmend bin ich mir des Leides bewusst, das durch Töten oder körperliches Verletzen anderer Wesen entsteht.
   Ausatmend bin ich bereit, mich darin zu üben, andere Wesen nicht zu töten oder körperlich zu verletzen.

3. Einatmend bin ich mir des Leides bewusst, das durch Diebstahl, Ausbeutung und Ungerechtigkeit in der Gesellschaft geschaffen wird.
   Ausatmend bin ich bereit, mich darin zu üben, nichts zu nehmen was anderen gehört oder ihnen zusteht.

4. Einatmend bin ich mir des Leides bewusst, das durch Verletzungen im sexuellen Bereich geschaffen wird.
   Ausatmend bin ich entschlossen, andere Wesen nicht durch mein Sexualverhalten zu verletzen.

5. Einatmend bin ich mir des Leides bewusst, das durch unachtsames, destruktives und verurteilendes Sprechen geschaffen wird.
   Ausatmend bin ich bereit, mich darin zu üben, nur konstruktive, ermutigende Worte zu gebrauchen, die zu einem harmonischen Miteinander führen, und anderen mit offenem Herzen zuzuhören.

6. Einatmend bin ich mir des Leides bewusst, das durch Drogen aller Art wie Alkohol, bestimmte Zeitungen, Fernsehprogramme und Bücher geschaffen wird.
   Ausatmend bin ich entschlossen, alle Energien, die meinen Geist vernebeln, zu meiden.

7. Einatmend bin ich mir bewusst, dass die Übung des Nicht-Verletzens mir selbst und anderen Wesen viel Frieden, Geborgenheit und Glück geben kann.
   Ausatmend bin ich mir der Kostbarkeit meiner Übung des Nicht-Verletzens bewusst.

Zum Umgang mit sexuellen Gefühlen

Wir können lernen, mit der starken Kraft und Energie der Sexualität auf eine entspannte und liebevolle Art und Weise umzugehen und uns nicht so sehr von dem vorherrschenden Zeitgeist bestimmen zu lassen. In unserer Zeit wird dem Ausleben sexueller Wünsche und Bedürfnisse ein hoher Stellenwert beigemessen. Das kann unter Umständen zu großer Verwirrung und viel Leid vor allem bei jungen Menschen führen.

Wenn wir uns ohne ein Gefühl tiefer innerer Verbundenheit, ohne uns gut zu kennen und zu verstehen auf einen anderen Menschen sexuell einlassen, kann das in uns und im anderen Leid, Verzweiflung und ein Gefühl der Leere erzeugen, statt uns und der anderen Person die Nähe, Freude und das Glück zu bringen, nach denen wir uns sehnen.

Ein großer Teil der Werbung in den öffentlichen Medien bedient sich der Sexualität, um zum Konsum zu animieren. Wir können in unserem Alltag genau hinschauen, welche Bilder, Texte und Musik oder Filme sexuelle Energien in uns auslösen, und das einfach nur wahrnehmen.

Wenn wir in einer partnerschaftlichen Beziehung leben, sollten wir die andere Person nicht durch die Art und Weise unserer sexuellen Bedürfnisse unter Druck setzen und sie auch nicht verletzen, indem wir außerhalb dieser Beziehung unsere Sexualität mit anderen Partner/innen ausleben.

Wir sollten entschlossen sein, jegliche sexuelle Annäherung gegenüber Kindern oder Menschen, die von uns abhängig sind, zu unterlassen, weil uns bewusst ist, dass wir dadurch sehr viel Leiden schaffen können. Einige von uns wurden in ihrer Kindheit von nahestehenden Menschen, denen sie ursprünglich großes Vertrauen entgegengebracht haben, sexuell missbraucht und leiden ihr ganzes Leben darunter. Wenn wir in unserer Umgebung, in der Familie, am Arbeitsplatz, in der Schule usw. Missbrauch bemerken oder vermuten, sollten wir uns nicht abwenden und darüber hinwegsehen, sondern versuchen, den Betroffenen zu helfen.

Wenn wir sexuelle Gefühle spüren, können wir sie ganz bewusst wahrnehmen, wenn sie da sind, sie mit der Ein- und Ausatmung spüren und uns einfach entspannen. Wir brauchen uns nicht unter Druck zu setzen, unsere sexuellen Gefühle ausleben zu müssen. Es ist eine große Freiheit, sie einfach nur zu spüren und auch wahrzunehmen, wie sie sich wieder auflösen.

Diese geleitete Meditation hilft uns, mit unserer Sexualität liebevoll und entspannt umzugehen und uns nicht von dem herrschenden Zeitgeist manipulieren zu lassen.

1. Einatmend spüre ich meinen ganzen Körper.
   Ausatmend spüre ich meinen ganzen Körper.

2. Einatmend bin ich bereit zu lernen, mit meinen sexuellen Gefühlen auf eine entspannte und liebevolle Art und Weise umzugehen.
   Ausatmend lächle ich.

3. Einatmend spüre ich, wie bestimmte Bilder,
   Texte oder Gerüche sexuelle Gefühle in mir
   hervorrufen.
   Ausatmend lächle ich ihnen zu und entspanne
   mich.

4. Einatmend spüre ich, wie eine Frau oder ein
   Mann sexuelle Gefühle in mir auslöst.
   Ausatmend lächle ich und entspanne mich.

5. Einatmend bin ich bereit, keine sexuelle Beziehung
   einzugehen, wenn ich nicht zu einer langfristigen
   Bindung bereit bin.
   Ausatmend werde ich jegliche sexuelle Annäherung
   gegenüber Kindern oder Menschen, die von mir
   abhängig sind, unterlassen.

6. Einatmend möchte ich meine eigene partnerschaft-
   liche Beziehung schützen und keine intime Beziehung
   außerhalb eingehen.
   Ausatmend möchte ich durch mein Verhalten andere
   Beziehungen schützen.

7. Einatmend weiß ich, dass Wahrhaftigkeit und
   Frieden in meiner Partnerschaft wichtig für meine
   innere Ruhe und Ausgeglichenheit sind
   Ausatmend lächle ich.

8. Einatmend möchte ich mich nicht von herrschenden
   Meinungen und Ansichten zur Sexualität sowie
   von sexualisierten Bildern und Texten manipulieren
   lassen.

Ausatmend möchte ich andere nicht durch meine sexuellen Bedürfnisse unter Druck setzen und entspanne meinen Körper und Geist.

9. Einatmend weiß ich, dass eine liebevolle Partnerschaft eine große Kostbarkeit sein kann. Ausatmend lächle ich.

Heilen von Minderwertigkeitsgefühlen: Eine Übung zur Entwicklung von Wertschätzung

Die meisten von uns haben immer wieder mit Minderwertigkeitsgefühlen zu tun: Wir geben uns selbst nicht genügend Wertschätzung, oder wir haben den Eindruck, dass andere uns nicht genügend Wertschätzung entgegenbringen, oder wir begegnen anderen nicht mit genügend Wertschätzung.

Das Gefühl »nicht gut genug zu sein« kann sich auf unterschiedliche Ebenen beziehen: Wir denken vielleicht, wir müssten in unserer spirituellen Entwicklung viel weiter sein oder unsere Beziehungen müssten besser »funktionieren« oder in unserer Arbeit müssten wir erfolgreicher, zumindest zufriedener sein.

Wir alle wollen von anderen anerkannt und geliebt werden. Das ist ein ganz natürlicher Wunsch nach Sicherheit und Geborgenheit im Zusammensein mit anderen.

Einige von uns wurden in der Familie, in der Schule, Lehre oder im Studium wiederholt durch überkritische oder herabsetzende Worte verletzt, und vielleicht geben wir diese Art der Energie mittlerweile auch an andere weiter.

Bei dieser geleiteten Meditation geht es darum, uns immer wieder an unsere eigenen guten Eigenschaften und auch an die guten Eigenschaften anderer Menschen zu erinnern und die Bereitschaft zu entwickeln, uns selbst und andere mit den Augen der Wertschätzung und des Verstehens anzuschauen.

1. Einatmend spüre ich, wie ich einatme.
   Ausatmend spüre ich, wie ich ausatme.

2. Einatmend sehe ich all die wunderbaren Samen
   des Verstehens, der Liebe und des Mitgefühls in
   mir.
   Ausatmend bin ich bereit, diese Samen zu entwickeln,
   und lächle mir selbst zu.

3. Einatmend sehe ich die wunderbaren Eigenschaften
   einer guten Freundin, ihre Gelassenheit und ihren
   Humor.
   Ausatmend lächle ich meiner Freundin zu.

4. Einatmend sehe ich die guten Eigenschaften einer für
   mich neutralen Person (zum Beispiel Briefträger,
   Verkäuferin), ihre Geduld und ihre Zuverlässigkeit.
   Ausatmend lächle ich der für mich neutralen Person
   voller Wertschätzung zu.

5. Einatmend erkenne ich die guten Eigenschaften
   einer für mich schwierigen Person (zum Beispiel
   ihre Stabilität und ihre Disziplin).
   Ausatmend lächle ich der für mich schwierigen
   Person zu.

6. Einatmend erkenne ich die guten Eigenschaften
   aller Menschen hier im Raum (zum Beispiel Freundlichkeit, Humor, Gelassenheit).
   Ausatmend lächle ich allen zu.

7. Einatmend weiß ich, dass alle Wesen Buddhanatur in sich tragen.
   Ausatmend lächle ich allen Wesen zu.

8. Einatmend bin ich mir der Kostbarkeit meiner
   geistigen Übung bewusst.
   Ausatmend lächle ich.

Frieden beginnt bei uns selbst.
Umgehen mit Ärger und Wut-Gefühlen

»Frieden beginnt bei uns selbst«, hat Thay immer und immer wieder betont. Es geht darum, dass wir bei uns selbst anfangen und die Gefühle von Ärger und Wut erkennen, wenn sie in uns aufkommen, mit ihnen zu atmen und sie mitfühlend in die Arme zu nehmen wie eine Mutter ihr weinendes Kind. Dadurch vermögen wir sie umzuwandeln. Der Buddha sagt uns, dass Ärger wie ein Stück glühende Kohle in unserer Hand ist. Wenn wir diese glühende Kohle festhalten, verbrennen wir uns und wir verbrennen andere. Wenn wir die glühende Kohle loslassen, sind wir frei und können friedvoll und glücklich mit uns selbst und anderen leben.

Es ist wichtig, dass wir wirklich die Bereitschaft entwickeln, unseren Ärger/unsere Wut umzuwandeln, und dazu gehört, dass wir aufhören, dauernd die Geschichten zu wiederholen, die in uns diesen Ärger/diese Wut ausgelöst haben.

Als Erstes können wir spüren, wie sich diese Gefühle in unserem Körper anfühlen. Wird uns ganz heiß? Sind wir sehr aufgeregt, kurz davor zu explodieren, eine Vase an die Wand zu werfen, unser Kind, unseren Hund zu schlagen?

Können wir die körperlichen Empfindungen zulassen, ohne zu handeln?

Können wir mit diesen starken Gefühlen atmen und spüren, ob sie sich mit der Ein- oder Ausatmung verändern?

Können wir sie voller Mitgefühl in unsere Arme nehmen wie eine Mutter ihr weinendes Kind?

Wir alle haben Sehnsucht nach Frieden in der Welt. Wir können aktiv etwas dafür tun, indem wir unseren inneren Frieden an unsere Freund*innen, Familie, Kollegen*innen weitergeben und auch in den Sozialen Medien verbreiten, falls wir da aktiv sind. Frieden ist ansteckend und jede und jeder freut sich, einem friedvollen Menschen zu begegnen.

Wir alle haben Samen des Ärgers und der Wut in unserem »Speicherbewusstsein«, aber dort finden wir auch Achtsamkeit, Verstehen und Mitgefühl. Es ist wunderbar, wenn wir unsere Fähigkeit entdecken und immer mehr entwickeln, sodass wir jederzeit unsere schwierigen Gefühle umwandeln können, das Radioprogramm wechseln, wie Thay das nennt, und uns dabei liebevoll zulächeln und uns selbst zuflüstern:

»Niemals aufgeben, mein*e Liebe*r ...«

Wenn andere wütend sind und ihre Wut gegen uns richten, können wir uns, je nach Situation, einfach entspannen und tiefes Zuhören üben, damit sie sich auch entspannen können, oder wir können in einer gefährlichen Situation die Polizei rufen, damit sie keinen Schaden anrichten.

Geleitete Meditation – Umwandeln von Gefühlen des Ärgers und der Wut

1. Einatmend spüre, ich wie ich einatme.
   Ausatmend spüre ich wie ich ausatme.

2. Einatmend spüre ich meinen ganzen Körper.
   Ausatmend spüre ich meinen ganzen Körper.

3. Einatmend spüre ich, wie ein Gefühl des Ärgers und der Wut in mir aufkommt.
   Ausatmend spüre ich, wie sich das Gefühl des Ärgers und der Wut in meinem Körper ausdrückt.

4. Einatmend spüre ich, wie sich mein ganzer Körper ausdehnt.
   Ausatmend spüre ich, wie sich mein ganzer Körper zusammenzieht.

5. Einatmend bin ich mir bewusst, dass es mir nicht gut tut, an dieser Wut festzuhalten.
   Ausatmend bin ich bereit, diese Wut zu transformieren, weil sie mich selbst und andere leiden lässt.

6. Einatmend bin ich mir bewusst, dass dieses Gefühl der Wut mir von vielen meiner Vorfahren übertragen wurde.
   Ausatmend weiß ich, dass meine Vorfahren mir auch die Samen der Achtsamkeit, des Verstehens, der Liebe und des Mitgefühls mitgegeben haben.

7. Einatmend bin ich bereit, das Radioprogramm mit meinem Gefühl der Wut zu wechseln und alle Geschichten loszulassen, die zu dieser Wut geführt haben.
   Ausatmend nehme ich den Ärger/die Wut ganz liebevoll, wie ein weinendes Kind, in die Arme.

8. Einatmend sehe ich die unendlich vielen Menschen, die jetzt ein Gefühl der Wut erleben und nicht wissen, wie sie damit umgehen können.

Ausatmend schicke ich ihnen all mein Verstehen und mein Mitgefühl und bin so froh, dass ich meine Wut nicht an meine Umgebung weitergebe.

9. Einatmend freue ich mich, wenn ich es schaffe, mich nicht von meiner Wut überwältigen zu lassen und dadurch imstande bin, alte Gewohnheitsenergien zu transformieren.
Ausatmend freue ich mich über meine Freiheit von dem Gefühl der Wut.

10. Einatmend bin ich mir der Kostbarkeit meiner geistigen Übung bewusst.
Ausatmend lächle ich mir aufmunternd zu: »Niemals aufgeben mein*e Liebe*r.«

11. Einatmend spüre ich die ganze Fülle der Einatmung.
Ausatmend genieße ich die ganze Länge der Ausatmung und erfreue mich an diesem wunderbaren Frühlings/Sommer/Herbst/Winter-Tag.

Buddhanatur

Auch wenn es uns gerade einmal gar nicht gut geht, wir in Probleme verstrickt sind und leiden, haben wir doch immer die Möglichkeit, uns an unsere eigenen guten Eigenschaften zu erinnern, die als Samen in unserem Speicherbewusstsein ruhen. Diese Erinnerung zum Beispiel an die Samen der Achtsamkeit, der Stabilität, der Gelassenheit und der Herzensweite in uns macht es möglich, dass diese sich auch wieder in unserem aktuellen Geistbewusstsein manifestieren können.

Wichtig und hilfreich ist auch, dass wir die Qualitäten des erwachten Geistes bei anderen erkennen und uns durch sie inspirieren lassen.

Manchmal lesen oder hören wir von Menschen oder treffen sie persönlich, die unter sehr schwierigen Bedingungen leben und trotzdem eine ausgeglichene, heitere oder humorvolle Ausstrahlung haben, und wir wünschen uns, uns von ihrer Ausgeglichenheit, Heiterkeit und Gelassenheit eine Scheibe abschneiden zu können.

Als ich im Januar 2009 die Nonnen und Mönche aus Plum Village im EIAB, dem »Europäischen Institut für angewandten Buddhismus« in Waldbröl, besuchte, war es in den großen Räumen sehr kalt, und ich bewunderte ungemein ihre Gelassenheit, Heiterkeit und ihren Humor in dieser schwierigen Situation, in der die Renovierung des riesigen

Gebäudes und die Planung von Seminaren und Veranstaltungen anstanden.

Direkt in unserer Umgebung gibt es oft Menschen, die wunderbare Qualitäten haben, die uns stärken können. Wir brauchen sie nur zu erkennen und bereit zu sein, uns von diesen positiven Energien inspirieren zu lassen. Wir können sie dann auch in uns wachrufen und uns so auf einfache Art und Weise mit unseren eigenen innewohnenden Buddha-Qualitäten in Verbindung setzen. Das ist in jedem Augenblick unseres Lebens möglich, in jeder Situation.

Jede Zelle unseres Körpers hat Bewusstsein, deshalb können wir in jeder Zelle unseres Körpers diese wunderbaren Energien in uns wachrufen.

Diese geleitete Meditation hilft uns, uns immer wieder an unsere eigene Buddhanatur und die anderer Wesen zu erinnern.

1. Einatmend spüre ich, wie ich einatme.
   Ausatmend spüre ich, wie ich ausatme.

2. Einatmend verbinde ich mich mit der Energie der Achtsamkeit in jeder Zelle meines Körpers.
   Ausatmend fühle ich mich inspiriert durch die Energie der Achtsamkeit in anderen Menschen.

3. Einatmend verbinde ich mich mit der Energie der Stabilität in jeder Zelle meines Körpers.
   Ausatmend fühle ich mich inspiriert durch die Energie der Stabilität in anderen Menschen.

4. Einatmend verbinde ich mich mit der Energie der Freude in jeder Zelle meines Körpers.
   Ausatmend fühle ich mich inspiriert durch die Energie der Freude in anderen Menschen.

5. Einatmend verbinde ich mich mit der Energie des Verstehens in jeder Zelle meines Körpers.
   Ausatmend fühle ich mich inspiriert durch die Energie des Verstehens in anderen Menschen.

6. Einatmend verbinde ich mich mit der Energie der Herzensweite in jeder Zelle meines Körpers.
   Ausatmend fühle ich mich inspiriert durch die Energie der Herzensweite in anderen Menschen.

7. Einatmend verbinde ich mich mit der Energie der Großzügigkeit in jeder Zelle meines Körpers.
   Ausatmend fühle ich mich inspiriert durch die Energie der Großzügigkeit in anderen Menschen.

8. Einatmend verbinde ich mich mit der Energie des Mitgefühls in jeder Zelle meines Körpers.
   Ausatmend fühle ich mich inspiriert durch die Energie des Mitgefühls in anderen Menschen.

9. Einatmend verbinde ich mich mit der Energie der Gelassenheit in jeder Zelle meines Körpers.
   Ausatmend fühle ich mich inspiriert durch die Energie der Gelassenheit in anderen Menschen.

10. Einatmend verbinde ich mich mit der Energie des Erwachens in jeder Zelle meines Körpers.

Ausatmend fühle ich mich inspiriert durch die
Energie des Erwachens in anderen Menschen.

11. Einatmend bin ich mir der Kostbarkeit meiner
    geistigen Übung bewusst.
    Ausatmend lächle ich.

Danksagung

Ich möchte mich bei meinen vielen Lehrerinnen und Lehrern bedanken, die mir geholfen haben, den Weg des Verstehens, der Liebe und der Freiheit zu gehen; angefangen bei meiner Mutter, die mit mir in meiner Kindheit jeden Abend gebetet hat und dem gütigen Pfarrer Rücker aus unserem schwäbischen Dorf, der mich konfirmiert hat.

Mein tief empfundener Dank gilt auch meiner Herzenslehrerin, der deutsch-amerikanischen Vipassanalehrerin Ruth Denison, und meinem Herzenslehrer, dem vietnamesischen Zenmeister Thich Nhat Hanh, für ihre kostbaren Lehren sowie der gesamten Plum Village-Sangha der Nonnen, Mönche und Laienfreunde/innen, von denen einige neuerdings auch in Deutschland, im EIAB in Waldbröl bei Köln, leben und lehren.

Ein herzliches Danke auch an alle Freunde/innen aus meiner Sangha in der »Quelle des Mitgefühls« in Berlin und an meine kleine Haussangha im »Dharmaschlösschen«.

Ganz herzlich bedanken möchte ich mich bei Ursula Richard, die mein Buchprojekt mit ihrem sehr einfühlsamen und klugen Lektorat begleitet hat. Einen herzlichen Dank auch an meine Freundin Janina Egert für ihre vielfältige Unterstützung.

Über die Autorin

Annabelle Zinser, 1948 in Schwaben geboren. Nach ihrem Staatsexamen in Geschichte und Politik arbeitete sie als Familienhelferin in Berlin, absolvierte dann eine Ausbildung in Klassischer Massage und Yoga und arbeitete lange Jahre in diesen Bereichen.

Erstes Meditationsseminar 1982 bei Sylvia Wetzel. Auf einer Indienreise nahm sie 1988 an einem Vipassana-Meditations-Retreat unter der Leitung des Meditationslehrers S. N. Goenka teil, und kurz darauf lernte sie im »Waldhaus am Laacher See« die deutsch-amerikanische Vipassana-Lehrerin Ruth Denison kennen, die lange Jahre ihre »Herzenslehrerin« war. Von Ruth Denison bekam Annabelle Zinser die Erlaubnis, das Dharma zu lehren.

1992 begegnete sie erstmals Thich Nhat Hanh anlässlich des Europäischen Buddhistischen Kongresses in Berlin. Ab 2000 hielt sie sich regelmäßig in seinem Kloster Plum Village bei Bordeaux/Frankreich auf.

2003 trat sie dem Intersein-Orden bei, und 2004 wurde ihr durch Thich Nhat Hanh die »Dharmalampe« übertragen, das heißt, sie wurde autorisiert, in seiner Tradition zu lehren.

Ab 2002 baute sie die »Quelle des Mitgefühls«, ein buddhistisches Übungszentrum in der Tradition Plum Villages in Berlin-Hermsdorf mit auf. Von Thich Nhat Hanh wurde ihr die Leitung des Zentrums übertragen.

Seit 2001 Mitarbeit in der Buddhistischen Akademie Berlin-Brandenburg.

Kontakt:

Quelle des Mitgefühls
Heidenheimer Str. 27
13467 Berlin
Tel.: 030 – 40 58 65 40
quelledesmitgefuehls@web.de

www.annabellezinser.de
www.quelle-des-mitgefuehls.de

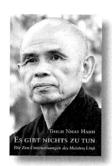

Thich Nhat Hanh
Es gibt nichts zu tun
Die Zen-Unterweisungen
des Meisters Linji

Hardcover, 304 Seiten
ISBN 978-3-942085-30-4

Thich Nhat Hanh
Das Diamantsutra
Der Diamant, der die
Illusion durchschneidet

Hardcover, Taschenformat,
200 Seiten
ISBN 978-3-942085-16-8

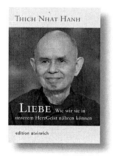

Thich Nhat Hanh
Liebe
Wie wir sie in unserem
HerzGeist nähren können

Hardcover, Taschenformat,
192 Seiten
ISBN 978-3-942085-49-6

www.edition-steinrich.de